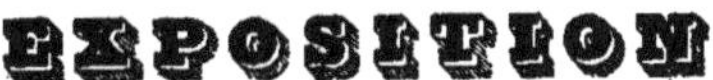

DE LA

Société DES AMIS DES ARTS

De la ville de Lyon,

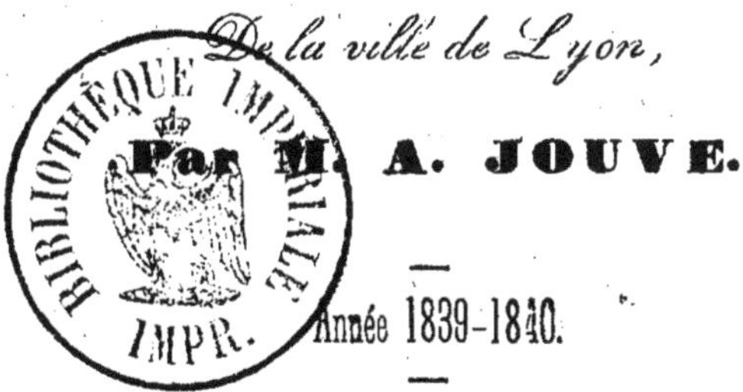

Par M. A. JOUVE.

Année 1839-1840.

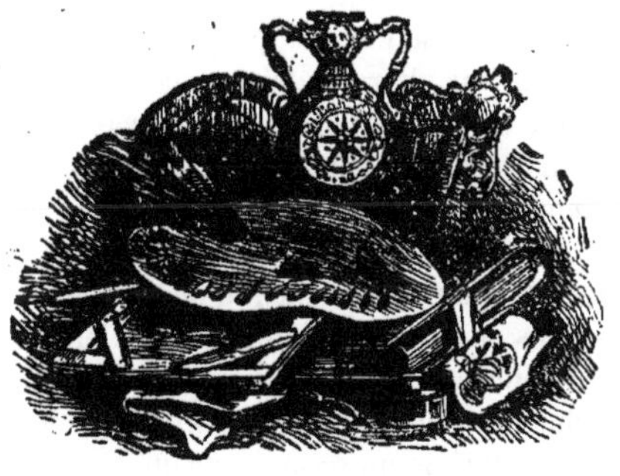

LYON.

IMPRIMERIE DE DUMOULIN, RONET ET SIBUET,
Quai St-Antoine, 33.

1840.

EXPOSITION

DE LA

SOCIÉTÉ DES AMIS DES ARTS

De la Ville de Lyon.

I.

LA SOCIÉTÉ. — SES DÉTRACTEURS. — COUP-D'OEIL GÉNÉRAL.

Il n'en est pas des arts destinés à reproduire la nature matérielle comme de la littérature et de la poésie. L'œuvre du littérateur et du poète une fois émise prend son vol vers les quatre points cardinaux ; elle pénètre partout ; elle se met à la portée de tous ; des milliers d'exemplaires, à vil prix, la reproduisent, la vulgarisent et l'éternisent même, si elle mérite cet honneur. Admirable privilége qui fait de la pensée d'un homme la pensée de tout le monde ; et qui le met en communion intellectuelle avec tout ce qui sent et réfléchit !

Mais pour le peintre et le sculpteur le chemin de la réputation est hérissé d'obstacles sans nombre. Les moyens de se produire sont rares et difficiles. Leur œuvre ne peut se multiplier ni se traduire ; elle ne peut échapper complètement à l'injure du temps. L'exécution du maître lui imprime un sceau particulier que rien ne peut remplacer, et qui fait que la copie n'est jamais l'équivalent du tableau original. Pour entrer en communication avec le public, son juge et l'arbitre suprême de son sort, il faut que l'artiste aille chercher le public ou que le public l'aille chercher. Le premier moyen répugne à sa dignité ; le second est le fruit d'une réputation déjà faite et n'est praticable que sur une certaine échelle. Si aucune protection ne le recommande; si aucune publicité bienveillante ne vient à son aide, ses travaux les plus consciencieux risquent d'être ignorés ou de n'être pas appréciés ce qu'ils valent.

Heureuse et tutélaire institution que celle des expositions publiques d'objets d'art! grâce à elle, l'artiste peut se produire. Il peut, affranchi de la jalousie et des intrigues, soumettre à un public désintéressé les productions de son talent. Les artistes eux-mêmes peuvent s'éclairer par la comparaison des œuvres émanées des talents rivaux; le public amateur, de son côté, ne peut qu'y gagner, car, dans ce concours ouvert à tous, il peut, sans craindre de surprise, juger en parfaite connaissance de cause, et choisir librement au milieu des œuvres exposées celles qui vont le mieux à son goût et à sa position.

Honneur donc à la Société des Amis des Arts qui a multiplié et régularisé chez nous les expositions, qui a mis à la portée du public et des artistes les avantages que nous venons d'énumérer; par les soins de laquelle se renouvellent, tous les ans, ces utiles concours où tous les talents peuvent entrer en lice; où le mérite ignoré peut se produire à côté du mérite constaté et proclamé par toutes les bouches de la renommée, et qui jettent sur notre ville ordinairement si triste une sorte de reflet artistique, y répandent une vie inaccoutumée. Cependant la bonne volonté de la Société, le zèle déployé par le comité ne sont pas toujours appréciés comme ils devraient l'être. Et comment en serait-il autrement? MM. les commissaires, quoique gens de goût, ne sont pas infaillibles assurément; mais fussent-ils infaillibles, ce ne serait pas une raison pour qu'ils ne soulevassent ni animosité ni blâme. Depuis quand en effet les hommes sont-ils justes? Depuis quand les médiocrités se sont-elles résignées à leur sort? Depuis quand l'amour-propre s'est-il contenté du rang qui lui était assigné? Ne faut-il pas que la commission s'attende à être censurée non-seulement quoiqu'elle soit impartiale et juste, mais encore précisément parce qu'elle est impartiale et juste?

Nous ne lui ferons pas l'injure de réfuter en détail toutes les critiques plus ou moins injustes dont elle a été l'objet de la part de quelques esprits frondeurs, dont nous ne voulons croire aucun artiste complice. Ses membres sont gens de trop d'esprit pour ne pas apprécier ces attaques à leur juste valeur, et de trop bonne compagnie pour s'en formaliser.

Toutefois, nous ne pouvons nous dispenser d'accorder une mention à la curieuse théorie émise par les mécontents au sujet de la mission que doit remplir la Société. A les en croire, la dite Société aurait été créée et mise au monde tout exprès pour acheter, sans distinction de bon ou de mauvais, et à tout prix, les ouvrages des artistes lyonnais. Le but de l'institution, disent-ils, c'est d'opérer la décentralisation de l'art ; c'est d'enlever à Paris, s'il est possible, le criant monopole dont il est en possession. Pour y parvenir, au lieu de solliciter les artistes parisiens ou autres de nous envoyer leurs productions, il faut élever entre eux et nous d'infranchissables barrières : il faut les exclure de notre exposition, afin que les artistes lyonnais puissent y briller, seuls, dans toute la splendeur de leur gloire, sans craindre d'en voir les rayons éclipsés par les gloires rivales.

Ingénieux système dont le résultat infaillible serait de faire acheter bien cher les œuvres même les plus médiocres, produites par les artistes lyonnais, mais que nous ne pensons pas devoir être très-favorable au développement de l'art dans notre ville ! Ne voit-on pas qu'en nous réduisant aux produits du terroir on ne ferait que décerner une palme d'encouragement à la médiocrité, à la paresse ; que si nos artistes ont besoin d'être encouragés, ils ont aussi besoin d'être éclairés et excités : éclairés, ils le seront par la vue des modèles ; excités, ils le seront par la concurrence des productions rivales ou supérieures. Soyons bienveillants, très-bienveillants pour les artistes lyonnais : achetons de préférence leurs ouvrages, quand leurs ouvrages mériteront de l'être ; mais gardons-nous de suivre les insultants conseils de ces malencontreux amis qui réclament pour eux un monopole semblable à celui que les lignes de douanes établissent pour protéger des industries arriérées, qui n'ont pas en elles-mêmes des moyens de lutter contre les industries similaires de l'étranger. Nous parlons des amis, car nous sommes bien sûrs que les artistes nos compatriotes, avec cette légitime fierté du talent qui a la conscience de sa valeur, repousseraient avec indignation une protection aussi humiliante.

Aux yeux du public, la justification de la commission administrative se trouve, au surplus, dans l'exposition qui s'est ouverte il y a quelques jours. Aucune des expositions précédentes n'a été aussi riche. Les grandes pages, quoi qu'on ait pu dire, n'y manquent pas. La famille plus modeste mais non moins intéressante des tableaux de genre y est plus nombreuse que les années antérieures, et jamais dans cet ordre de productions, il n'y a eu d'aussi jolies choses et en aussi grand nombre. Les paysages sont toujours la masse principale et comme le corps d'armée. S'il y a beaucoup de médiocrités; s'il y a même des choses très-décidément mauvaises dans ce genre; comme dans beaucoup d'autres, en revanche les morceaux dignes d'attention y sont peut-être plus nombreux que les années précédentes.

Nous ne voyons pas figurer sur le livret quelques-uns de ces grands noms qui ont jeté leur prestige sur les expositions antérieures. Mais que pouvions-nous attendre, par exemple, d'Horace Vernet, qui explore en ce moment l'Egypte et la Syrie, pour y étudier les lieux rendus célèbres par les exploits de nos soldats ; de Gudin, qui vient d'échapper avec peine à un danger que son intrépide amour pour l'art avait bravé, pour étudier la célèbre mosquée de Ste-Sophie à Constantinople.

En revanche, notre exposition s'énorgueillit de noms qui n'y avaient pas encore paru. Scheffer nous a envoyé quelques morceaux délicieux. Nous avons de Colin une page gigantesque extraite de l'Enfer du Dante, et en outre plusieurs compositions d'un genre gracieux qui montrent toute la flexibilité de son talent; de M. Patry un tableau qui, comme coloris, est un véritable tour de force. M. Lestang Parade, Mme Irma Martin, M. Loubon, M. Pigal, Mlle Serret, nous ont adressé des pages plus ou moins intéressantes. De Hostein, de Roqueplan, de Renoux, d'Isabey, de Thuilier, de Coignet, nous avons de jolis paysages; d'E. de Lansac et de Lepaulle d'admirables études de chevaux.

Nos compatriotes tiennent à l'exposition une large place que nous voudrions voir plus large encore. A leur tête, nous trouvons MM. Jacquand et Bonnefond, avec les qualités et les défauts qu'on leur connaît. A côté d'eux, un autre Lyonnais dont le nom est presque oublié parmi nous, M. Gleyre, a signalé sa réapparition dans le monde artistique par une œuvre sérieuse et digne d'attention. Nous retrouvons là d'autres noms qui nous sont chers et familiers. MM. Hippolyte, Auguste et Paul Flandrin; MM. Guindran. Duclaux, Dubuisson, Compte-Calix, Bonirote, Laurasse, Lavergne, Leymarie, Fonville, Saint-Jean, et d'autres dont les noms nous échappent, mais que nous retrouverons plus tard lorsque nous nous livrerons à un examen plus détaillé.

Les aquarelles sont en grand nombre : parmi elles, il en est de fort remarquables, et qui, par le mérite de la composition, par la vigueur de l'exécution, s'élèvent presque jusqu'à la hauteur de la peinture historique. Nous ne citerons pour le moment que celles de M. David.

La sculpture, malgré quelques jolis bronzes de Geckter, un marbre de Debuy, un groupe d'Etex, un bas-relief de M. de Ruoltz, ne brille pas à l'exposition ; nous essaierons d'en découvrir la raison quand nous serons arrivés sur ce chapitre.

Peut-être notre exposition, par la nature et la dimension des toiles qui en font partie, a-t-elle un caractère un peu bourgeois. Faut-il s'en plaindre ? Non, puisque c'est une nécessité de notre position. Qu'avons-nous à faire d'œuvres capitales ? Que pouvons-nous donner à leurs auteurs, si ce n'est une stérile admiration ? Ne trouvons pas mauvais que les illustrations de l'art ne se détournent pas de leurs grands travaux tout exprès pour nous envoyer des productions à notre mesure. Sachons-leur gré de vouloir bien, de loin en loin, détacher de leur auréole brillante quelques rayons dont l'éclat se reflète sur nos solennités artistiques.

Ne finissons pas cette revue générale sans payer un juste tribut d'éloges au zèle, à l'activité, au savoir-faire du comité administratif de la Société des Amis des Arts. Sachons-lui gré des attentions coquettes qu'il a eues pour les visiteurs des jours réservés, pour les excellentes et confortables dispositions qui ont été faites en vue des dames. Nous lui reprocherions peut-être d'avoir fait choix pour l'exposition de la salle du musée, dont les jours percés dans les murs latéraux, donnent une lumière fausse et occasionnent des reflets chatoyants qui rendent difficile de saisir le point de vue vrai de telle ou telle toile. Mais elle n'avait pas le choix entre ce local et l'ancien, devenu, comme on sait, un musée d'élite où se sont réfugiés provisoirement les morceaux les plus remarquables de notre collection de peinture, pour se mettre à l'abri des ravages que produit sur eux l'humidité du dallage en marbre de la galerie du musée.

La commission a eu pour les actionnaires une attention délicate qui doit être un stimulant tout-puissant à de nouvelles souscriptions. Indépendamment des droits que chaque actionnaire aura dans le tirage des objets mis en loterie, il lui reviendra un magnifique album lithographié par les premiers artistes de la capitale, et représentant les principales vues de notre ville. Cette collection vaudra, dit-on, à elle seule, le montant de la souscription; c'est donc un bénéfice tout clair pour les heureux souscripteurs appelé à profiter de cette publication faite exprès pour eux.

Après ce coup-d'œil général jeté sur notre exposition, nous allons examiner avec quelque détail les morceaux dont elle se compose. Pour procéder avec quelque ordre dans cette analyse, nous commencerons par la peinture sérieuse. Nous passerons ensuite aux tableaux de genre et aux paysages, et nous terminerons par la sculpture. Il va sans dire que dans nos excursions nous irons un peu au hasard et que nous n'entendons pas aller par rang de mérite, soit en ce qui concerne les genres, soit en ce qui concerne les œuvres qui s'y rapportent.

II.

MM. COLIN. — CLEYRE. — CIBOT. — LESTANG-PARADE. — PICAL. — Mlle SERRET. — MM. LAFAGE. — LAEMLEN. — PATRY. — BONNEFOND. — LAVERGNE. — J. VARNIER. — DELAY. — MADRAZZO. — FRANCIA. — COMIEN. — MARTIN DAUSSIGNY.

Un des inconvénients de la peinture, c'est de ne pouvoir expliquer elle-même son sujet; c'est de ne pouvoir prendre par la main le spectateur et le conduire pas à pas à travers tous les détours d'une action compliquée, dont les différentes phases s'expliquent les unes par les autres; c'est d'être forcée par la nature de son objet à se renfermer dans la représentation d'une scène isolée, choisie parmi une foule d'autres; c'est de faire un choix que le public puisse facilement saisir et comprendre, et qui mette en relief toutes les qualités du peintre. C'est par là, il faut le dire, que pèchent la plupart de nos productions modernes : beaucoup d'artistes se bornent à la reproduction de quelques détails de la nature matérielle, sans se donner la peine de créer un sujet : d'autres, sous un nom ou sous un autre, ne nous donnent que de simples études qui attestent souvent un grand talent d'exécution, mais qui n'ont rien d'attachant pour le cœur et l'esprit : d'autres enfin se laissent aller, par la puissance de l'exemple et des traditions, par l'étude spéciale d'un écrivain et d'un poète, à des compositions plus consciencieuses, mais qui s'éloignant trop des habitudes intellectuelles de notre époque, lui présentant des objets peu en rapport avec ses croyances, avec ses mœurs, ne l'intéressent que médiocrement.

C'est le tort ou le malheur qu'a eu M. Colin, en empruntant à l'Enfer du Dante le sujet de la grande page qu'il a exposée sous le nom de *Françoise de Rimini*, et dont l'exécution est si remarquable à une foule d'égards. Dante, malgré le culte que lui ont voué les archéologues littéraires de notre temps, est un poète peu connu et peu populaire. Son Enfer, qui peut être une belle création poétique, a l'inconvénient de ne se rapporter à aucune des idées reçues, d'être un enfer de la fabrication du poète, qui ne ressemble pas au Tartare des anciens, et qui ne répond pas aux terribles données admises par la foi chrétienne. Et puis, quelle difficulté pour le peintre, de s'élancer du connu qu'il a sous les yeux à ce mystérieux et effrayant inconnu; de peindre ce que l'œil de l'homme n'a point aperçu, ce que son esprit ne peut comprendre? Le poète, lui, par le vague de ses descriptions, échappe à la nécessité de rendre trait pour trait les tableaux au travers desquels il promène l'imagination du lecteur. L'art du peintre est plus exigeant et plus sévère : rien ne doit lui échapper, ni le principal ni l'accessoire : il doit rendre la douleur dans tous ses détails, étudier son action sur le visage, sur l'attitude générale du corps, sur le jeu de chaque muscle; difficulté immense quand il s'agit de représenter des scènes qui ne sortent point de la sphère mortelle, bien plus grande encore lorsque l'on entre dans celle d'un monde surnaturel!

La portion de l'enfer du Dante, représentée par M. Colin, est le cercle des pécheurs charnels dont le supplice est de tourbillonner sans cesse, poussés par une tempête infernale. Le poète, conduit par Virgile, a souhaité entendre l'histoire de Françoise de Rimini et de son amant. A la suite de ce récit il est tombé privé de sentiment sur le devant du tableau. Le groupe principal, composé de Françoise et de son amant percés d'un même coup d'épée, et roulant à travers l'abîme encore enlacés dans les bras l'un de l'autre, est une admirable étude. Il y a vraiment de l'abandon et de la douleur dans l'attitude du corps et dans l'expression des traits. Mais cette douleur répond-elle à l'idée que nous nous faisons du désespoir éternel et sans repos des réprouvés? c'est douteux. L'expression est plutôt celle de deux amants frappés par une catastrophe au pied de l'autel où ils devaient être unis par des liens sacrés, que celle d'un couple adultère atteint par le fer dans de criminels embrassements, et livrés sans transition par la vengeance humaine à la vengeance divine.

Ce défaut de terreur dans un sujet qui comporte essentiellement la terreur , est le vice général de cette composition. Le groupe des damnés à droite est trop paisible, trop peu tourmenté. Ces enlacements de membres arrondis,de chairs potelées,que forme la chaîne infernale des pécheurs charnels, sont plus sensuels qu'effrayants. Il n'y a pas là de quoi expliquer l'évanouissement du Dante.Il y a bien plutôt de quoi justifier le flegme étonnant de Virgile dont la figure sans terreur comme sans pitié,la raide attitude, semblent être d'un *Cicerone* blasé sur les émotions qu'il procure aux touristes , et non pas du plus sensible des poètes.

Certains de ces défauts seraient sans doute moins sensibles si cette toile était mieux éclairée ou autrement éclairée ; si une teinte terne et grisâtre n'enveloppait tous les personnages et tous les groupes, et ne jetait dans l'ensemble de la composition une fatigante uniformité. Peut-être, le ton adopté par le peintre tient-il à la nature du sujet , à cette espèce d'enfer amphibie qu'il nous a représenté, qui n'est ni la terre ni l'enfer, et qui ne pouvait être éclairé ni par le jour du soleil, ni par l'effrayante lueur des flammes éternelles dont il est privé. Quoi qu'il en soit cette teinte monotone nuit à l'ensemble de la composition et ne lui permet pas de produire toute l'impression dont elle serait susceptible d'après la nature du sujet et la manière savante et consciencieuse dont il a été traité. Peut-être aussi l'attention est-elle trop éparpillée : peut-être les différents groupes que l'artiste a disposés sur cette toile ne sont-ils pas rattachés entre eux par un lien d'unité assez sensible pour le spectateur : peut-être enfin la touche du peintre n'est-elle pas assez vigoureuse: pour obtenir un succès complet en traitant un pareil sujet, il fallait être en peinture ce qu'était Dante en poésie, avoir dans le génie et dans le pinceau quelque chose de la sombre énergie du chantre des enfers. La manière de M. Colin ne manque ni de noblesse ni de poésie ; mais elle n'a pas cette vigueur et cette fougue un peu sauvage qui auraient été ici nécessaires.

L'exposition de la société des Amis des Arts doit au pinceau fécond de M. Colin plusieurs autres pages plus ou moins intéressantes qui, sans être à la hauteur de la grande toile que nous venons d'examiner, sont plus , à notre avis, dans la nature de son talent qui semble devoir se plier avec plus de succès aux compositions d'un genre gracieux et tempéré. Parmi les différents morceaux de ce genre, exposés par cet artiste, celui devant lequel le public s'arrête de préférence est le *Mezzo-Giorno* qui représente une famille faisant la sieste dans une campagne de Rome. Le sujet n'est pas très-intéressant en lui-même; mais les trois figures endormies dont se compose ce tableau sont posées heureusement d'une manière pittoresque et sont correctement dessinées. Elles dorment assez bien. On pourrait objecter que la jeune femme est d'une beauté un peu délicate, un peu coquette pour l'épouse d'une espèce de lazzaroni, ou même de bandit calabrais : on y retrouve un peu trop l'odalisque et la jeune châtelaine que nous voyons figurer dans d'autres compositions du même peintre. *L'enfant bien aimé*, *les Cygnes*, *une Odalisque* sont de simples groupes qui ont un grand air de famille entre eux. Ce sont autant d'idylles toujours écrites dans un style élégant et suave, mais parfois un peu maniéré et voisin de la mignardise. Les fonds qu'il ne faut considérer ici que comme de simples accessoires sont traités un peu cavalièrement. Les tons bleuâtres y dominent avec une affectation qui n'est pas naturelle.

Le *St-Jean* de M. Gleyre produit de la sensation sur le public visiteur. C'est une œuvre complexe dans laquelle la peinture et la sculpture, ces deux sœurs jumelles, se sont donné la main. Le ciseau de M. Fromenger, auteur du cadre, a lutté ici avec le pinceau de M. Gleyre, auteur de la toile, heureuse rivalité à laquelle l'art est redevable d'une œuvre originale dont la nouveauté attirerait les regards, quand les qualités supérieures qui brillent dans l'exécution ne justifieraient pas l'attention !

L'auteur de l'Apocalypse a été représenté par le peintre, assis sur les bords de cette île où il reçut ses terribles révélations et appuyé sur le livre qui les contient. La figure, d'un caractère imposant et sévère, est éclairée par un jour descendu d'en haut et qui perce l'enveloppe d'un ciel orageux qui forme avec la mer le fond de cette toile. La tête est la partie la plus remarquable de ce tableau : elle est admirablement dessinée et porte une expression d'inspiration véritable, mais d'inspiration un peu sauvage et qui n'a peut-être pas toute la noblesse et toute l'élévation désirables. Les pieds et surtout les mains sont d'un dessin correct. Les draperies sont riches et d'une exécution irréprochable.

Ce qu'on peut reprocher d'abord à cette composition, c'est de n'avoir point conservé à l'apôtre bien-aimé la figure traditionnelle que lui donne l'Ecriture, et d'avoir substitué à cette tête pleine de calme et de sérénité, celle d'un vieillard énergique, à l'expression forte et presque menaçante. On voit que l'artiste, en choisissant son modèle, a eu plutôt en vue l'œuvre apocalyptique que la tradition religieuse, et qu'il s'est surtout étudié à donner à son saint Jean des traits en harmonie avec son œuvre mystérieuse et terrible. Assurément le peintre est libre de s'affranchir d'un pareil joug, et tout en le secouant, il peut encore enfanter un chef-d'œuvre. Cependant nous pensons que lorsqu'on touche à ces figures en quelque sorte stéréotypées dans la mémoire des hommes, il est plus prudent de ne pas heurter contre les idées reçues, et de se conformer au type établi soit par tradition, soit par convention.

Quant à l'exécution, nous avons déjà rendu justice à la pureté et à la correction du dessin; mais on désirerait quelque chose de plus vigoureux, de plus hardi dans le coloris. On reproche aussi à cette toile l'abus du noir dans les parties non éclairées. La transition, par exemple, n'est-elle pas trop brusque entre la partie de la tête qui reçoit la lumière venue d'en haut et celle qui est dans l'ombre? Ce n'est plus là de l'ombre, c'est une complète obscurité, ce qui, dans la disposition de la figure, n'est pas admissible.

A tout prendre, la toile de M. Gleyre est une œuvre remarquable dont l'effet général est saisissant, et qui atteste un talent plein de sève et de vigueur. Elle doit attirer l'attention de l'autorité sur un artiste notre compatriote, dont l'existence battue par les vents de l'adversité, après une longue éclipse, se révèle à nous par un tel coup d'essai. C'est une véritable Odyssée que l'histoire de ce jeune homme emporté par l'amour de son art dans des contrées lointaines; sous le voile d'une hospitalité trompeuse, ne trouvant que spoliation, misère et désespoir, et, après dix ans d'une existence ainsi agitée, reparaissant au milieu de ses compatriotes, éprouvé par le malheur et riche des études qu'il a recueillies au milieu de ses traverses sans nombre.

Nous l'avons dit: le cadre du St-Jean, sculpté par M. Fromenger, est une véritable œuvre d'art, accessoire à la vérité, mais accessoire nécessaire qui a été fait pour l'œuvre principale, et et qu'on ne saurait en séparer sans dommage pour l'un et pour l'autre. Ce cadre, dont les dimensions un peu massives n'écrasent pas trop la figure qu'il étreint, représente des sujets sculptés tirés de l'Apocalypse. Plusieurs des groupes sont d'une admirable exécution, et surtout pleins de vie et de mouvement. Nous citerons entre autres celui qui représente la bête de l'Apocalypse, et, assise sur sa croupe, Babylone, sous la forme d'une femme impudique.

Rien n'est lascif, rien ne respire la licence et la volupté comme la pose et l'expression de la tête. L'archange St-Michel terrassant le démon, qui forme le groupe correspondant, est plein de vigueur; mais il y a peut-être trop de dureté dans les traits de cet ange guerrier. L'exécution de tous les autres groupes n'est pas aussi irréprochable, tant s'en faut : la figure qui occupe le milieu du côté droit surtout, forme un creux aussi disgracieux qu'étrange et impossible. Les bas-reliefs du bas ne sont qu'une ébauche animée qui indiquent la possibilité de faire beaucoup mieux ; mais qui, telle quelle, ne laisse pas de mériter l'estime des connaisseurs.

Parmi les grandes toiles de l'exposition, une des plus estimables, à notre avis, est le tableau allégorique de l'air et de la terre, qui a été envoyé par M. Cibot. L'air, représenté sous la forme d'un vigoureux adolescent, balance et emporte dans ses bras au travers de l'espace la terre, représentée sous celle d'une jeune fille. Rien n'est plus vrai, plus abandonné et plus chaste en même temps que toute l'attitude de la jeune fille ; rien de plus tendre et de plus suave que l'expression de sa figure qui repose sur l'épaule du jeune homme dont ses bras enlacent le cou.

Peut-être le jeune homme n'est-il pas assez svelte, assez aérien. Son bras droit nous semble un peu herculéen. Il y a d'ailleurs dans cette composition quelque chose de terne et de froid qui en paralyse l'effet. Pourquoi ces chairs, d'une extrémité à l'autre, sont-elles d'une teinte aussi uniforme? Y a-t-il du sang sous ces joues que devraient colorer la jeunesse et l'amour, ou tout au moins la chaleur de ces bouches qui s'effleurent presque, qui viennent de s'entrebaiser et qui vont s'entrebaiser encore ? et puis que signifie ce ciel gris et sombre? Pourquoi nous représenter l'embrassement de la terre et de l'air, non pas sur un lit de feuillage et de fleurs, mais au milieu de ce brouillard d'hiver dont la vue fait grelotter et trembler pour ces êtres allégoriques, en faveur desquels on serait tenté d'imiter le beau trait de charité de St-Martin et de se dépouiller de son manteau ? Ce qui manque à cette toile où il y a de la forme de l'expression et de la science, c'est la chaleur et la lumière, c'est l'air et la terre.

La scène de Ruth et Booz exposée par M. Lestang-Parade pourrait aussi bien s'appliquer à quelque cheick arabe entretenant sous sa tente quelque jeune esclave chrétienne qu'aux personnages dont elle porte le nom. Ruth est assise aux pieds de Booz en costume arabe, dans un déshabillé qui nous semble assez peu conforme au caractère semi-religieux de cette idylle biblique. Il y a de la pudeur dans la pose et l'expression de la jeune fille, de la grâce dans le galbe nu qu'elle déploie. Mais la tête est un peu petite comparée au développement un peu exagéré de la hanche qui reste découverte. La figure de Booz est bien dessinée, bien peinte et d'un caractère très-patriarcal. Ce qui manque à ce tableau ce sont les accessoires de la vie des peuples pasteurs, la tente, les chameaux, les immenses troupeaux. La teinte du groupe principal est trop grise pour le fond, dont les tons un peu crus semblent se rapprocher, et rejettent sur le second plan le sujet représenté par l'artiste. C'est une composition de mérite mais un peu froide.

La mort du peintre Santerre, par le même, est une toile de grande dimension où l'on trouve d'excellentes qualités et qui pourtant ne plaît que médiocrement, en partie sans doute à cause du sujet qui n'est pas d'un intérêt bien saisissant. La figure principale, celle du mourant, a une expression de calme et d'honnête sérénité qui plaît et que l'artiste a su concilier avec la teinte cadavéreuse et l'air d'abattement d'un mourant : celle du médecin placé sur la gauche exprime un degré convenable de douleur. La femme aux genoux de Santerre, et qui paraît mouiller ses mains de ses pleurs, est dans une attitude naturelle et vraie et qui répond à la désolation d'une pareille scène. Mais il serait difficile de trouver une expression quelconque à la grosse et inintelligente figure du haut personnage qui, placé sur la droite, semble, à en juger par la direction de ses regards, adresser quelques paroles au mourant. Il n'y a pas même là cette douleur de bienséance dont tout le monde au besoin sait prendre l'apparence dans une situation de ce genre.

Au surplus, cette toile est convenablement éclairée, la couleur est vraie et solide : les draperies sont généralement fort bien peintes. Mais en somme c'est encore là plutôt la production estimable d'un talent sage et laborieux, que l'œuvre inspirée destinée à faire sensation.

Avec quelle énergique vérité M. Pigal nous a représenté tout près de là une autre scène de la même nature, mais plus lamentable encore ! Comme cette figure de jeune femme mourante a bien une teinte cadavérique ; comme ces yeux sont éteints, comme ces joues déprimées semblent rentrer en dedans par l'effort d'une respiration gênée. Mais en vérité à quoi bon aller exhumer un tel sujet pour le mettre sous les yeux du public ? quel plaisir ou quelle moralité peut en résulter pour le spectateur ? Ce tableau est-il placé là comme une espèce de *memento homo quia pulvis es*. Que l'artiste laisse au prêtre cette austère mission ; qu'il flatte nos regards, élève notre esprit et notre cœur par des productions gracieuses ou sévères et toujours nobles et dignes ; mais qu'il n'aille pas chercher ses inspirations dans un amphithéâtre de dissection ou dans une salle d'hôpital. C'est bien assez d'être souvent vulgaire et sans poésie en recherchant ce qui peut plaire aux regards : choisir un sujet qui au tort d'être vulgaire joint celui d'être repoussant, c'est une déplorable aberration de l'art ou plutôt de ceux qui le cultivent.

Nous devons une mention d'une nature tout opposée à une spirituelle pochade exposée par le même artiste sous le titre de *Roi des Rois*. Ce gros bonhomme qui se lève de table et se livre à de joyeuses manifestations, a un air de jubilation, d'entrain et de gaîté bachique qui fait plaisir à voir.

La toile de M. Duval fils représentant la découverte de la coupe de Joseph dans le sac de Benjamin, et qui a concouru pour le grand prix de Rome, mérite l'attention par l'étude consciencieuse qu'elle atteste de la forme humaine, par l'habile disposition des personnages placés naturellement et sans confusion autour du groupe principal. Les attitudes sont variées sans affectation : le dessin est correct et atteste la bonne école. Les figures sont-généralement heureuses et ont l'expression convenable. Une seule, et malheureusement c'est la principale, détruit cet ensemble : c'est celle du jeune Benjamin. Impossible de rien voir de plus ingrat que ce profil, de plus insignifiant que l'expression de ces traits. Nous reprocherions peut-être à cette toile son coloris un peu grisâtre, son ciel un peu terne pour un ciel égyptien, si, dans une composition de ce genre, le fond n'était pas purement accessoire.

Puisque nous en sommes sur l'histoire de Joseph, ce serait le cas de parler du tableau exposé par M. Laemlein et qui est intitulé la *Chasteté de Joseph*. Malheureusement l'élévation à laquelle cette toile a été placée par une précaution de sage politique de la part de la commission, et le faux jour sous lequel elle se trouve, ne permettent pas de l'examiner avec tout le soin qu'elle mérite, dit-on. Cependant on peut remarquer que l'attitude de la coupable moitié de Putiphar respire la passion et la volupté, la volupté peut-être plus encore que la passion. Quant à Joseph, il a la modestie et la réserve qui conviennent à sa délicate situation. Il refuse mais sans arrogance, par vertu et non par dureté, ou par une fierté déplacée : on reconnaît l'esclave qui même dans la femme révoltée contre ses devoirs respecte l'épouse de son bienfaiteur et de son maître. Quant aux détails d'exécution, par la raison que nous avons exposée, il nous est impossible d'en rien dire. Autant que nous avons pu en juger cependant, cette toile atteste l'œuvre d'un pinceau habile et consciencieux.

Il y a vraiment de la grâce et de la poésie dans la composition de Mlle Serret, intitulée : *O mon bon ange, priez pour moi*. La lumière est abondante et pure ; la touche un peu molle, mais suave. La figure de la jeune femme en prière a l'expression de la ferveur; celle de l'ange a de la douceur et de la bienveillance. Mais la réflexion ne ratifie pas tout le plaisir que cette toile fait éprouver au premier coup-d'œil. Cet ange est sans doute bien gracieux, son sourire est plein d'un charme ineffable. Mais est-il aussi chaste que beau et doux ? N'y trouve-t-on plus d'indulgence qu'il ne conviendrait à un ange gardien ? Ne semble-t-il pas devoir être un peu trop complaisant pour les fautes qu'il est chargé d'empêcher ? Nous serions presque de l'avis de cet homme d'esprit qui pensait qu'un tel ange, au lieu de défendre sa jolie protégée contre la tentation, pourrait bien être soupçonné d'y succomber tout le premier, et de se rendre son complice. — Donnez à ce Chérubin un arc et des flèches, que lui manquera-t-il pour être un véritable Cupidon ? — La jeune femme est belle, mais d'une beauté un peu forte, un peu accusée : on serait tenté d'intervertir l'ordre établi par le peintre et de donner mission à la suppliante de protéger le bel enfant qu'elle implore elle-même. Les mains ne sont pas la partie la plus brillante de ce tableau : celle de l'ange sont à peine dessinées ; celles de la jeune femme sont en cire blanche et rose, et non pas en chair et en os. Les doigts sont courts et se terminent un peu trop en pointe.

En général nos expositions de peintures nous offrent une remarquable collection de ces mains blanches, roses, potelées comme on n'en voit pas et comme il n'y en a pas. Ces mains idéales peuvent à la rigueur figurer dans un portrait, dans un tableau de genre. Mais il est heureux pour les femmes que la nature les ait un peu moins maltraitées que la peinture : car en vérité on ne voit pas trop ce qu'elles pourraient faire de ces doigts arrondis et sans articulations ; on ne voit pas comment elles pourraient, avec de tels instruments, saisir une aiguille, coudre, broder, remplir les autres fonctions de la vie animale. Ceci est dit à propos du tableau de Mlle Serret et non pas pour lui.

La bataille de Bouvines par M. Lafaye est une toile qui a de la vie, du mouvement, des détails intéressants : et comment n'intéresserait-on pas, au moins pour un instant, par cet effroyable gâchis d'hommes qui se combattent à outrance, se perçent à coups d'épée, s'assomment à coups de masses d'armes ? mais cette composition ne nous en paraît pas moins essentiellement défectueuse.

Le peintre a choisi le moment où Philippe Auguste, emporté au plus fort de la mêlée, est entouré de fantassins ennemis qui, armés de ces crocs en usage dans le moyen-âge, s'efforcent de le renverser de cheval. Le groupe dont ce monarque forme le centre est bien éclairé et assez animé : son attitude et celle de son coursier sont en rapport avec la situation. Mais à quel propos, sous quel prétexte l'artiste a-t-il jeté sur la gauche du tableau ce groupe de femmes qui ont l'air d'être spectatrices du combat ? Si vous voulez absolument des contrastes, placez des femmes au travers des combattants, nous ne nous y opposons pas ; mais au moins que leur présence au milieu de la mêlée soit justifiée par quelque chose ; qu'elles aient l'air de fuir le théâtre du carnage, qu'elles ne forment pas galerie comme les nobles dames que M. Lafaye fait intervenir au milieu des horreurs de la guerre ; au moins qu'elles soient abritées du danger. Mais, nous le demandons, le fossé de cinq à six pieds de large qui sépare le groupe en question du reste des combattants suffit-il pour le préserver des flèches et des traits d'arbalète qui doivent se croiser dans l'air ? Il ne suffit pas de faire des tableaux d'histoire, il faut encore faire des tableaux vraisemblables ou possibles.

Le tableau de M. Patry représentant une première nuit de séparation a fait sensation et devait faire sensation au salon de cette année. Il ne nous paraît mériter ni l'admiration sans réserve que quelques-uns lui ont vouée, ni la critique injuste de quelques autres. La jeune fille appuyée contre son lit n'est pas à la vérité d'un caractère bien élevé et bien poétique : c'est une nature simple, naïve et un peu vulgaire ; mais l'expression de sa physionomie est pleine de vérité : quoique les contours de ses membres et de la tête soient arrondis un peu à plaisir, le modèle est heureux et le dessin à peu près correct. C'est surtout comme effet de lumière que cette toile attire les regards, et cette attention nous semble en grande partie justifiée.

On reproche à l'ensemble du sujet une teinte rougeâtre qui ne paraît pas en rapport avec la lumière blanche de la lampe qui éclaire cet intérieur. Nous n'oserions cependant pas affirmer que les rideaux rouges qui recouvrent le lit ne doivent pas jeter un reflet semblable sur tous les objets environnants. Mais, en admettant même que ce ton général manque de vérité, on ne devrait pas moins admirer la distribution de la lumière sur tout ce qu'elle frappe ; sa dégradation, d'après les contours du visage et du corps de la jeune femme ; son effet sur les plis du lit, sur l'ameublement. Ce n'est pas là à la vérité un mérite de premier ordre dans la peinture qui exige avant tout la pureté des formes et la sévérité du dessin ; mais c'est un mérite très réel et dont il faut savoir tenir compte.

Le portrait placé sur la droite de cette toile est un mauvais détail. On ne pardonne que difficilement à cette personne jeune et belle son goût pour une figure maussade et rébarbative de cette espèce. Cela nuit à l'effet de cette page d'ailleurs fort séduisante.

M. Patry a encore exposé un portrait en pied de jeune homme dans lequel nous trouvons les défauts que l'on remarque dans le tableau précédent sans que ces défauts soient palliés au même degré par les qualités que l'on remarque dans celu-ci. Nous admettons bien que le modèle pouvait avoir de l'embonpoint; mais nous n'admettons pas cet embonpoint boursoufflé, poli et luisant qui semble être le produit d'une fluxion : on peut craindre qu'un coup de lancette ne fasse jaillir l'humeur de cette peau lisse et tendue et sur laquelle la loupe ne découvrirait pas un seul pli. Les mains ont le même défaut : l'emmanchement du pouce avec celle qui repose sur l'un des bras est quelque chose de déplorable.

Lorsque le Christ montait sur le Calvaire, le front couronné d'épines, le visage couvert d'une sueur mêlée de sang, une pieuse femme, nommée Véronique, essuya sa face avec un linge. On suppose que l'étoffe a conservé l'empreinte de la figure divine, et qu'elle en est devenue le portrait fidèle. Telle est la donnée du voile de Ste-Véronique, sujet que M. Bonnefond a abordé après quelques autres peintres d'Italie. Tenter une pareille entreprise c'était en quelque sorte prendre l'engagement d'être sublime. M. Bonnefond l'a-t-il été ? nous craignons bien que non.

Nous ne querellerons pas cet artiste sur quelques détails d'exécution, sur les paupières inférieures des yeux, trop injectées ; sur cette auréole noire qui environne la face du Christ, et que n'explique pas suffisamment le sang qui, de son front doit ruisseler sur sa barbe et la rougir. Mais nous dirons que cette tête n'est point celle de l'Homme-Dieu souffrant et consommant l'effrayant mystère de la passion : c'est une tête que le triangle d'acier a séparé du tronc : ce sera, si l'on veut, celle du Christ mort sur la croix, ce n'est point le voile de sainte Véronique. Ces traits alongés, ces yeux mornes et éteints annoncent que, si la douleur a passé par là, elle s'en est retirée avec la vie elle-même : nous voudrions y voir, nous, la trace d'une vitalité puissante aux prises avec la souffrance et surexcitée encore par cette lutte ; le stygmate divin brillant à travers les angoisses et les humiliations du supplice. Nous aurions voulu y trouver l'expression de tous les sentiments qui devaient assaillir le Sauveur des hommes, en ce moment suprême : la douleur et la résignation, la crainte et l'espérance, l'indignation et le pardon, la pensée de la mort et l'immortalité, l'homme et le Dieu, en un mot la passion tout entière dans une seule tête ; voilà ce que devait être, selon nous, une pareille toile pour répondre à la donnée religieuse qui a servi de point de départ à l'artiste, et l'on comprend que l'homme distingué qui dirige notre école de peinture ait pu, avec beaucoup de talent, rester au-dessous des exigences d'un sujet qui peut-être dépasse les forces de l'homme, et défie toutes les ressources de l'art.

Nous avons un autre reproche plus réel à faire à M. Bonnefond, c'est de se montrer trop avare des richesses de sa belle organisation, c'est de se reposer et de dormir sous ses lauriers passés ; tandis que tout marche autour de lui, tandis que des hommes qu'il a en quelque sorte vus naître, et envers lesquels la nature a peut-être été moins prodigue de ses dons, font chaque année de nouveaux progrès, conquièrent chaque année de nouveaux titres à la gloire. Nous ne comptons pour rien en effet les études plus ou moins heureuses, toujours marquées au coin d'un talent distingué, que cet artiste a exposées, ces dernières années. Nous avons droit d'espérer mieux de l'auteur de tant de pages brillantes qui ont eu le privilége de fixer l'attention du monde artistique. De la part de M. Bonnefond, nous attendions une série ascendante d'œuvres consciencieuses, dont chacune eût dépassé et fait oublier les précédentes. S'il était vrai, comme on le prétend, que la vie du professeur absorbât chez lui celle du peintre, nous serions presque tentés de regretter, dans son intérêt et dans celui de nos jouissances, la position officielle qu'il occupe. Nous disons dans son intérêt, car celui de l'art trouve peut-être également son compte dans l'emploi que M. Bonnefond fait de son temps. Peut-être vaut-il autant faire de bons élèves que de bons tableaux ; mais, de la part de cet artiste, c'est, à nos yeux, faire preuve d'une véritable abnégation de soi-même, c'est un sacrifice d'autant plus méritoire qu'il doit en coûter davantage à son amour-propre.

M. Lavergne, jeune peintre presque inconnu à Lyon, quoique enfant de Lyon et sorti de son école, nous a envoyé cette année deux pages remarquables. Ces productions, malgré leurs défauts, annoncent un talent distingué qui peut s'élever bien plus haut, si le travail vient seconder les heureuses dispositions que ce très-jeune homme paraît avoir reçu de la nature. Son œuvre principale représente nos premiers pères fuyant du Paradis terrestre, chargés de la malédiction divine, et le Fils de Dieu intercédant pour eux et leur postérité. Le groupe d'Eve et d'Adam est vraiment remarquable.

On peut reprocher aux deux têtes de manquer de dignité; à notre premier père d'avoir une attitude incertaine, et de tomber plutôt qu'il ne marche ou qu'il ne court; toutefois l'expression a de la vérité et de l'énergie ; il y a dans l'attitude d'Eve des remords et de la terreur, et, dans cette terreur, perce un sentiment d'amour et de confiance pour Adam dont elle semble invoquer la protection et implorer le pardon. La nuance qui doit exister entre l'expression de la figure de la première femme, et de celle du premier homme, est très-convenablement rendue. Il y a chez l'une plus de désolation et d'effroi; chez l'autre plus de calme et de résignation ; ces deux figures sont du reste bien dessinées et surtout bien peintes; les chairs sont modelées avec une vigueur peu commune. La lumière abonde et la couleur a du charme et de la vérité, sauf le fond où domine un ton bleu que rien ne justifie. La jambe gauche d'Adam, remarquablement dessinée et peinte, a un relief qui atteste un pinceau habile et puissant.

Le groupe céleste composé du Père et du Fils, est moins heureux. Le Père éternel est, dans le tableau de M. Lavergne, un vieillard rebarbatif et sournois. Le Fils manque de dignité. La divinité est absente de ces deux figures. Il est des impossibilités auxquelles les peintres ne devraient jamais s'attaquer ; Dieu sous le rapport moral, le soleil sous le rapport matériel, sont de ce nombre ; toute imagination, tout pinceau doivent échouer à l'une et à l'autre de ces deux tâches. Nous aimons et nous admirons l'idée des Mahométans qui, dans leurs mosquées, figurent la divinité par une niche vide. Ce muet aveu d'impuissance est bien plus éloquent, bien plus expressif, que toutes les misérables tentatives de la peinture pour représenter le redoutable Jehovah de l'Ecriture, dont elle ne fera jamais qu'une mauvaise copie du Jupiter payen.

Le *Christ aux petits enfants* de M. Lavergne, inférieur comme exécution et comme couleur à la toile précédente, nous semble supérieur comme composition. Il y a beaucoup de vie et de mouvement dans ce morceau ; les figures en sont groupées d'une manière pittoresque et hardie, et quelquefois même un peu hasardée. L'expression de quelques têtes, entre autres celle du jeune enfant assis sur les genoux du Sauveur, est fort heureuse. Mais la figure principale, celle du Christ est trop maigre, trop anguleuse, trop peu divine. L'apôtre Saint-Jean qui est debout à sa droite ressemble à une jeune fille de quinze ans et non pas à un disciple du Messie. Cette toile est du reste faiblement éclairée. Elle a une teinte terne et grise qui ne rappelle nullement celle que nous venons d'examiner, l'exécution en est bien moins soignée. Ces observations sembleraient prouver que M. Lavergne n'a pas une manière bien arrêtée, et qu'il hésite encore entre différents systèmes. Toutefois nous constatons avec plaisir d'heureuses et rares qualités dans ce jeune artiste ; à peine sur le seuil de l'art, il en aborde hardiment les plus grandes difficultés, et les surmonte souvent avec bonheur : c'est un talent qui n'a besoin que de mûrir et de se perfectionner par le travail et par l'étude, pour arriver aux grandes choses.

Le *Martyre de Sainte-Catherine*, par M. J. Varnier de Paris, est dessiné avec fermeté. Le groupe de la sainte torturée par ses bourreaux dont l'un tire le glaive qui doit mettre fin à ses jours est assez bien entendu. Le jeu des muscles chez cet homme placé sur la gauche qui déchire de ses mains les chairs de la jeune fille en même temps qu'il arrache ses vêtements, est rendu d'une manière énergique et vraie. La tête de la victime n'a peut-être pas une expression de douleur et d'affaiblissement physiques assez prononcée. Mais le défaut principal de cette toile c'est l'abus du noir, et l'absence presque complète de lumière. Il y a dans le groupe principal un bourreau dont les chairs sont d'un jaune rougeâtre qui n'est pas dans la nature. N'y avait-il pas moyen de le rendre horrible, sans recourir à l'expédient de cet odieux badigeonnage ?

Gonzalve de Cordoue visitant le champ de bataille de Cerinola, par M. Madrazzo est une toile composée avec intelligence bien qu'un peu froidement. Les têtes sont généralement bien peintes. Dans le groupe de soldats qui se trouve à droite on en trouve quelques-unes de remarquables par leur exécution autant que par leur expression. Ce qui gâte complètement cette toile, malgré d'incontestables qualités, c'est l'inconcevable distribution de la lumière qui y joue capricieusement et sans règle. Est-il possible, par exemple, de comprendre pourquoi les personnages placés sur le premier plan sont plongés dans une ombre épaisse et profonde, tandis que les faces correspondantes des personnages placés sur le second et le troisième resplendissent de lumière ? Un beau détail c'est la tête du cheval montée par le général espagnol. Cette tête vit, ces naseaux respirent, et le sang court dans les veines qui les sillonnent. Il est dommage que la croupe et le ventre soient en porcelaine, et non en peau revêtue de poil. Ce défaut paraît au surplus tenir à la manière de l'artiste dont le pinceau semble se plaire à aplanir toutes les aspérités, à polir toutes les surfaces, à effacer toutes les rides. Il résulte de là que toutes les filures ont vingt-cinq ans, et que toute sa toile semble recouverte d'un glacis métallique qui produit un chatoiement fatigant pour l'œil.

M. Debay a exposé une toile d'un mérite réel représentant *Sixte-Quint visitant Rome*, et veillant lui-même à l'exécution de ses ordres. La tête du moine ambitieux et rusé qui sut, de ce rang obscur, s'élever tout d'un coup au premier poste de l'Église et de la chrétienté, a une expression d'astuce et de sévérité, un regard scrutateur qui vont bien au caractère et à la situation. Toutefois, c'est une production qui n'a rien de bien saisissant pour l'esprit, rien de bien fascinateur pour le regard. Le ton général en est pauvre et manque de vigueur et de soleil. Le choix du sujet n'est probablement pas étranger à l'impression qu'elle fait éprouver. Le but de l'artiste n'est pas assez déterminé, ne tombe pas assez facilement sous les sens, il est trop exclusivement intellectuel. De là l'indifférence de la foule qui passe, sans prendre garde au talent d'exécution par lequel se recommande cette page.

Pour rien au monde, nous ne voudrions nous rencontrer, au détour d'un bois, face à face avec le drôle que M. Muller nous a donné comme un *Diogène* le Cynique, muni d'une lanterne et cherchant un homme en plein jour. Diogène était un cynique plein de malice et d'esprit, c'est vrai ; sa toilette était négligée c'est encore vrai ; mais l'histoire ne dit pas qu'elle fût aussi voisine d'une complète nudité que la représente cette toile. Ce Diogène prétendu a tout l'air d'un franc échappé de galère, presque aussi bête que méchant. Nous ne reconnaissons nullement à ce front déprimé, ridé et soucieux, à ce teint maladif, le philosophe insouciant et railleur qui, pour se moquer de Platon, qui avait défini l'homme, un animal à deux pieds sans plumes, apporta un jour sur la place publique un coq dépouillé de ses plumes, et le jeta au milieu des Athéniens, en leur disant : voilà l'homme de Platon. Vous appelez ce personnage Diogène le Cynique, nous serions fort disposés à l'appeler Diogène détrousseur de grande route, et à mettre dans ses mains, au lieu de cette lanterne inutile, un solide et menaçant gourdin. L'exécution n'est pas propre à racheter ce qu'il y a de malheureux dans l'expression de cette figure. Les jambes sont démesurément longues et leur dimension est énorme eu égard à la maigreur des bras décharnés au delà de toute expression.

Passons devant la centième édition du *Massacre de Scio*, par M. Barcker. Laissons-là ces femmes éplorées, ces vieillards vénérables, ces janissaires farouches, ces Grecs héroïques qui font semblant de se battre. C'est là un lieu commun de peinture qui ne peut être relevé que par un mérite remarquable d'exécution, et qui est traité ici d'une manière trop négligente, même pour un sujet qui ne serait pas usé et repoussant en soi.

Passons également devant le *Naufrage de l'Amphitrite*, par M. Francia qui peut renfermer quelque mérite de composition et d'exécution, mais voilé par la teinte grise, terne et ennuyeuse au suprême degré, qui enveloppe cette toile. Cette couleur malheureuse qui repousse les regards et rend l'analyse impossible n'est pas justifiée par l'état du ciel dont une vaste déchirure doit laisser passer en abondance les rayons d'une lumière d'autant plus vive que les nuages sont plus sombres et le fond plus obscur.

M. Gomieu a cru représenter Napoléon dans la campagne de France par une toile de quelques pouces carrés, au milieu de laquelle il nous montre l'empereur debout, avec ses bottes à l'écuyère, son chapeau en bataille, entouré de généraux et d'aides-de-camp en grande tenue, l'attitude raide et militaire. Une telle prétention nous paraît exorbitante. Cette définition ou cette position peut tout aussi bien convenir au Napoléon de 1808, de 1809, etc. qu'à celui de 1814. Il ne suffit pas pour justifier un pareil titre de quelques figures bien dessinées et de quelques portraits plus ou moins ressemblants, comme nous en voyons dans le tableau de M. Gomieu qui manque d'ailleurs complètement de couleur. Nous avouons du reste, et bien des gens seront de notre avis, que nous sommes las de tous ces Napoléon de pacotille, peints, sculptés et coulés en plâtre, en fonte ou en bronze qui envahissent nos expositions, comme les étalages de marchands d'estampes, comme la boutique ambulante des colporteurs, et quelquefois nos places publiques. La gloire et le nom de Napoléon ainsi vulgarisés produisent sur nous l'effet d'une belle mélodie de quelque grand compositeur, exécutée par une orgue de Barbarie.

Avant d'en finir avec la peinture sérieuse ou qui prétend être sérieuse, nous faisons un acte de justice en mentionnant M. Martin Daussigny. C'est un grand service que cet artiste a rendu à l'art par la découverte d'un procédé de peinture qui doit rendre éternelles des œuvres d'art exposées à tant de vicissitudes. Ce service doit rendre indulgent sur les œuvres de M. Daussigny considérées comme imitation de la nature. Cependant, il y a, dans son *Messager Fidèle*, quelques détails rendus avec assez de bonheur et de vérité.

§ III.

CHANGEMENT DANS LA SALLE. — M. LAEMELEIN. — M. BLANCHARD — MM. LEFEBVRE. — DESGEORGES. — CAMINADE.

La commission vient de prendre une mesure qui est à la fois un acte de justice et un acte de bonne administration ; c'est un remaniement général des toiles qui figurent à l'exposition ; c'est justice envers les artistes dont les œuvres avaient été placées d'une manière désavantageuse dans le principe : c'est un nouvel attrait pour le public dont cette opération multiplie les jouissances, en mettant à sa portée des productions qu'il lui avait été impossible d'apprécier auparavant.

Grâce à ce remaniement nous avons pu faire un retour sur quelques toiles dont nous nous sommes déjà occupés, corroborer notre jugement ou le modifier par des observations nouvelles. Une des toiles auxquelles cette mutation a été favorable est le tableau de la *Chasteté de Joseph* par M. Laemelein. Ce nouvel examen nous permet de confirmer la plupart des éloges que nous lui avions donnés d'abord. A quelques égards cependant il lui est nuisible. Ainsi l'épouse de Putiphar dont nous avons admiré la pose voluptueuse et l'élan passionné a le défaut de ne paraître avoir qu'une jambe. Nous aimons à croire que, dans la pensée du peintre, l'autre doit se trouver cachée : cependant son existence et sa position ont le tort de n'être pas assez indiquées par la pose générale du corps et par le mouvement du torse, ce qui laisse l'esprit dans une fâcheuse incertitude. Le profil de la figure nous semble d'ailleurs vicieux : le menton lui manque, ou se trouve dissimulé d'une manière disgracieuse qui lui donne la forme d'un angle obtus. Du reste nous ne pouvons que confirmer nos éloges, en ce qui concerne le ton général de cette page, la suavité du coloris et la bonne exécution des accessoires.

L'exposition vient de s'enrichir d'un tableau de M. Blanchard dont le sujet est le *Songe d'Elie*. Cette page est une nouvelle preuve à l'appui d'une vérité dont le salon de 1839 nous offre beaucoup d'autres exemples ; c'est qu'avec beaucoup de faire ou de talent, on peut, en fait de peinture, produire des œuvres très-défectueuses. Les deux figures qui remplissent cette toile sont assurément exécutées avec une habileté peu communes; combien il s'en faut cependant qne ce soit là un bon tableau ! Ni le prophète, ni l'ange n'ont le caractère religieux que comporte le sujet. La pose d'Elie est indéfinissable. Il n'est ni couché ni assis ; on ne comprend pas pourquoi son coude est replié sous sa tête; on comprend encore moins sur quoi repose ce coude. La figure, bien dessinée et bien peinte du reste, a une expression commune et insignifiante. La teinte rubiconde qui y regne suppose plutôt une incubation bachique que l'incubation divine, et la ferait prendre pour celle d'un sapeur endormi, faisant la sieste après de copieuses libations, bien plus que pour celle d'un prophète qui repose accablé de fatigue, fuyant la persécution de ses ennemis, et qui est visité par Dieu. Nous en dirons autant de l'ange dont la pose est plus naturelle sans être plus gracieuse, et dont la figure a une expression pleureuse qui n'est nullement angélique. Si les chairs du prophète pèchent par un incarnat qui n'est pas d'une nature très-élevée, en revanche celles de l'ange offrent des teintes bleuâtres qui n'appartiennent à aucune nature. Cette production n'est pas plus heureuse sous le rapport de la perspective et de la lumière : pourquoi la cruche et le pain sont-ils à une lieue du premier plan ? Pourquoi la tête du prophète est-elle éclairée d'un jour assez vif, tandis que le roc sur lequel elle repose est dans une ombre très-obscure ? Ou il fait jour, ou il fait nuit : s'il fait jour, tous deux doivent être également éclairés ; s'il fait nuit, l'un et l'autre doivent être dans l'ombre.

Après cette revue retrospective sur la peinture dite sérieuse nous arrivons à la peinture de genre. A la peinture de genre, disons nous ; mais quelle est la définition précise de cette branche de l'art? quels sont ses attributs et ses limites? nous avouerons franchement que nous serions fort embarrassés de donner à cette question une réponse catégorique, et nous en connaissons beaucoup de plus savants que nous qui ne seraient pas moins embarrassés pour tracer une ligne de démarcation bien précise. Soit que l'on considère la dimension des toiles, soit que l'on considère la nature des sujets, on verra en effet que bon nombre de productions peuvent être rangées indistinctement dans l'une ou l'autre des deux catégories, et qu'il est très-difficile d'en faire la classification précise.

A quel genre de peinture rattacherons-nous, par exemple, une toile de M. Lefebvre qui représente, c'est le livret qui dit cela, Héloïse et Abeilard? D'après la manière dont ce sujet est traité, il peut appartenir également à la peinture sérieuse ou à celle qu'il est convenu d'appeler peinture de genre. Tout considéré c'est dans cette catégorie que nous rangerons la toile de M. Lefebvre. A part les costumes assez fidèlement observés, il ne faut pas s'attendre à trouver dans cette page ce caractère de passion profonde, consacré par l'histoire et par la poésie, que la croyance commune prête au sentiment profane et religieux tout à la fois qui unit ces deux amants célèbres. Le couple d'amoureux représenté par l'artiste, peut être, au gré du lecteur un jeune premier de vaudeville, en contant à une grisette; ou bien un jeune seigneur du moyen-âge poussant sa pointe auprès d'une jeune châtelaine. De trace de passion il n'en existe nulle part dans la tête et le regard de ces deux personnages. La figure de l'adolescent est insignifiante; celle d'Héloïse l'est plus encore. Cette dernière est d'un blond trop prononcé pour qu'on puisse supposer sous cette froide enveloppe l'âme brûlante et passionnée de la véritable Héloïse. Le modèle d'ailleurs, en le supposant exactement copié n'est pas irréprochable : la distance de la bouche au nez est beaucoup trop grande. C'est tout ce que nous avons à dire de cette page qui est une étude assez bien dessinée et agréablement peinte, mais qui n'est pas Héloïse et Abeilard. Le titre a été fait pour la toile, la toile n'a pas été faite pour le titre.

Dans quel genre rangerons-nous encore les toiles de M. Desgeorges de Clermont-Ferrand ? Ces toiles assurément ne sont pas dépourvues de mérite, au moins en ce qui concerne l'exécution. Le pinceau de cet artiste a de la puissance et de la vigueur. Si ses draperies sont raides et dures et paraissent de tôles ou de carton, en revanche ses chairs sont bien peintes, ont de la vie et du relief. Les têtes de paysans et de paysannes ont la fermeté et la naïveté de la nature agreste. Son dessin, sans être remarquable de précision, n'a rien de précisément incorrect. Mais en cette matière comme en toute autre, il y a un certain tact d'homme de sens et de goût qui veut que l'effort soit proportionné à l'importance du sujet. Ce n'est pas la peine de badigeonner des toiles de sept pieds de haut pour représenter, comme l'a fait M. Desgeorges, ce qui pourrait être tout au plus l'accessoire d'un paysage, c'est-à-dire un faucheur raccommodant sa faux, ou un commissionnaire demandant son chemin à une jeune campagnarde.

A l'encontre de quelques autres artistes qui ont consacré des pages gigantesques à de petits sujets, M. Caminade, dans son lévite d'Ephraïm, a renfermé dans un cadre de petite dimension un sujet sérieux. Son tableau est une œuvre d'un rare mérite comme composition et comme exécution, et cependant un peu froide d'effet. L'expression de la figure du principal personnage a de l'énergie. Nous craignons cependant que cette expression ne soit légèrement exagérée. Il y a des douleurs tellement accablantes qu'elles produisent comme un calme apparent. Il y a des passions d'autant plus terribles qu'elles sont plus concentrées. Et c'est justement dans ce cas que devrait se trouver le lévite en présence du cadavre de sa femme victime de la plus affreuse brutalité. Les autres figures expriment à un degré convenable la stupeur dont les assistants doivent être frappés, excepté pourtant celle du serviteur, vu de face, qui rélève la victime et qui est d'une impassibilitée peu convenable. Cette œuvre est d'un dessin ferme et correct, mais elle est peinte d'une manière un peu trop lâchée pour le cadre. Les chairs de la jeune femme morte n'ont d'ailleurs pas une teinte d'une vérité irréprochable. Les pieds entr'autres semblent moulés en plâtre. Nous avons cherché du reste à nous rendre raison du peu d'effet que produit cette composition qui repose sur une donnée assez dramatique et dont l'exécution ne manque ni d'habileté ni de largeur, et nous croyons que ce résultat tient à ce que le groupe de personnages qui forment le sujet principal du tableau occupe trop peu de place relative et semble n'être qu'un accessoire jeté sur le premier plan d'un paysage. Il nous semble que, d'après la nature de ce sujet, d'après le genre de mérite qui brille dans son exécution, ce tableau demandait une toile plus vaste, et surtout que le groupe principal aurait dû dominer de manière à n'être pas écrasé par le fond.

§ IV.

MM. SCHEFFER. — JACQUAND.— H. FLANDRIN.—PAUL FLANDRIN. —IRMA.— MARTIN.— GUÉ. —GUÉ (OSCAR). —COMPTE-CALIX. — BOUFERWIK. — BÉRAARD.— CHASLELAT. —DERRUDDER. — LOUBON.— CŒDES. — GENIALS.—DUVAL. — FINARD.—DUPRÉ. — Mme FONTAINE.—GUYOT.— Mme LESCOT. —M. LAURASSE. — — Mme LECLERC. — M. LEPAULE. — MOINE.— Mme THEVENIN. —SOULARY.— DE VILLENEUVE, *portraitistes.* — MM. DE LANSAC. — DUBUISSON. — DUCLAUX.

Nous entrons maintenant à pleines voiles dans la peinture de genre. Les premiers noms qui se présentent à nous dans l'ordre de nos souvenirs et de nos impressions , sont ceux de MM. Scheffer, Jacquand , Hyppolite et Auguste Flandrin.

L'*Intérieur de famille* de M. Scheffer est une page pleine de charme et de sentiment, bien que d'un aspect tant soit peu puritain. Le vieillard qui semble appeler les bénédictions du ciel sur le jeune enfant qui joue sur ses genoux a une figure pleine d'onction et de vertueuse sérénité. Celle du jeune homme a l'empreinte d'une religieuse attention. La tête de la jeune femme , debout en face du vieillard, nous paraît surtout admirable : il y a tout une histoire du cœur féminin dans son expression. Ce n'est pas la jeune fille qui craint et ignore, ni la femme du monde qui a éprouvé l'atteinte des passions profanes et qui a été flétrie par leur contact impur ; c'est la femme forte qui connaît tous les mystères de l'existence, mais qui les a pénétrés sans se laisser souiller par eux. C'est le miroir d'une conscience calme dans laquelle se reflète le souvenir des combats, mais non pas celui des défaites.

Ce qu'il y a de remarquable dans cette composition c'est le sentiment vrai et sans exagération dont elle est la traduction. Le dessin en est consciencieux et irréprochable , mais rien n'est parfait sous le ciel, et il faut reconnaître que la touche de ce peintre qui est pleine de finesse et de suavité n'a pas toute la vigueur désirable. Les figures de ses personnages trop peu ombrées , trop uniformément éclairées, manquent de relief et paraissent plates, ou simplement relevées en demi - bosse. On ne se rend pas parfaitement compte de l'effet de lumière qui se produit sur le fond, à moins de le considérer comme un artifice du peintre pour faire ressortir la tête de la jeune femme autour de laquelle il forme une sorte d'auréole. S'il en était ainsi ce serait une raison de plus pour le critiquer.

La tête d'étude de jeune femme par le même a un caractère original mais un peu boudeur. Nous la soupçonnons même d'être quelque peu louche. Comme exécution, cette toile se recommande par les mêmes qualités que la précédente, et présente à peu près les mêmes défauts.

M. Jacquand dont le Louis XI avait eu les honneurs du salon de l'année dernière a payé à celui de cette année un tribut beaucoup moins brillant.

La *maréchale d'Ancre*, accusée par de Luynes, a une attitude vraie d'intention, mais rendue d'une manière un peu gauche : son visage exprime à la fois l'étonnement et l'effroi; mais l'accusateur a une figure d'un caractère commun : c'est celle d'un grossier soudar, et non d'un jeune gentilhomme qui avait été le compagnon d'enfance de Louis XIII, et qui, à ce titre, devait posséder certains avantages extérieurs, avoir quelque distinction de manières. L'académie du corps n'est pas correctement dessinée : il est impossible de trouver entre les hanches et les épaules l'espace nécessaire pour y placer le ventre et la poitrine d'un homme passablement constitué. Nous devons mentionner la tête du second juge assis sur la gauche du tableau comme un chef-d'œuvre d'expression.

Il y a encore des têtes bien peintes et d'une belle expression dans les *Religieuses en méditation* de cet artiste. Mais celle de la religieuse, debout anprès du pupitre, et qui est au centre du groupe, est parfaitement insignifiante : elle ne lit, ni ne médite, ni ne sent. Il est impossible de rien dire ici du dessin des corps, grâce aux draperies que M. Jacquand affectionne particulièrement parce qu'il excelle à les rendre, et non pas sans doute pour s'épargner la peine de dessiner la forme humaine.

Les frères Flandrin forment une trinité artistique dont les membres marchent dans une voie commune, avec une égale ardeur, sinon avec un égal succès.

La première personne de cette trinité, M. Hippolyte Flandrin, dont la magnifique page du Dante a élevé si haut la réputation, ne nous a envoyé cette année que quelques toiles auxquelles il n'attache sans doute pas lui-même une bien grande importance, bien qu'elles portent, elles aussi, le cachet de son talent.

Une mère au milieu de la campagne de Rome est une composition ingrate et malheureuse. La pureté du dessin qui n'abandonne jamais M. Flandrin et la vérité de la pose n'y rachètent pas suffisamment la teinte terne et ennuyeuse qui l'enveloppent et qui la voilent pour ainsi dire aux yeux du spectateur. Les terrains sont de convention et ont été certainement faits dans le cabinet, et non d'après nature. Le portrait de femme qu'il a exposé est d'une couleur naturelle et vraie. Il est dessiné comme l'artiste dessine toujours : nous lui avons entendu reprocher cependant une légère incorrection dans le contour de la figure dont la joue gauche a un peu trop d'ampleur.

C'est M. Auguste Flandrin qui s'est chargé surtout de soutenir au salon de 1839 l'honneur de la famille. Si son dessin n'a pas toute la fermeté, toute la correction sévère de son frère, en revanche il a ce qui manque à celui-ci, ou ce qu'il refuse par esprit de système aux toiles sorties de ses mains, du soleil et de la couleur.

La composition intitulée : *Deux jeunes filles consultant un ermite napolitain*, au mérite d'un dessin généralement correct, joint celui d'une couleur vive qui rappelle assez bien les tons chauds du ciel d'Italie. Les figures de jeune fille, quoiqu'un peu distinguées pour de simples villageoises, ont une expression convenable de naïveté. Le corps de celle qui est placée sur le devant est, selon nous, un peu long, et son attitude trop raide et trop peu gracieuse. La partie remarquable de ce tableau est la tête de l'ermite qui est réellement dessinée et peinte avec un fini remarquable. Cette tête, à la vérité, n'a pas un caractère très-religieux. Cette expression un peu goguenarde n'accuse pas une grande rigidité chez l'homme de Dieu, et en voyant cette figure, on se rappelle involontairement l'axiôme vulgaire : *Quand le Diable devint vieux, il se fit ermite.* Les draperies de la robe de celui-ci sont fort bien traitées : nous n'en dirons pas autant du manteau que l'une des jeunes filles laisse retomber de son épaule droite. Ses plis ont une direction rectiligne qui est peu agréable. Il nous semble d'ailleurs que d'après sa position, il devrait accuser l'existence de la hanche dont l'œil cherche en vain la trace sur l'étoffe tendue et uniformément plissée: si l'absence de toute saillie tient à l'attitude adoptée et à la manière dont le vêtement est jeté, nous reprocherons à l'artiste la pose même de cette figure qui produit un peu l'effet d'un porte-manteau auquel serait suspendu une couverture de laine. Les accessoires et les fonds sont assez faiblement traités. Il y a près de l'ermitage des cyprès qui ressemblent à des arbres exécutés en mosaïque.

L'église de San Maniato, du même, est une jolie vue d'intérieur. La lumière pénètre abondamment à travers les vitraux, joue sous les combles, contourne les piliers arrondis de cette crypte bysantine. L'effet de la chapelle ardente est frappant ; mais eu égard à la clarté générale de l'édifice, il nous parait un peu exagéré.

Le principal titre de M. Auguste Flandrin aux suffrages des connaisseurs est le portrait de Mme C... ; Il est dessiné avec cette sévérité, cette correction scrupuleuse qui atteste l'école d'Ingres et en rappelle la manière. La touche en est ferme sans dureté, suave sans mollesse. La couleur a de la puissance et de la vérité. Nous lui reprocherons cependant une certaine teinte jaunâtre qui ne doit pas être le ton de la carnation du modèle. La robe de velours cramoisi et les dentelles qui l'ornent sont exécutées en perfection. Mais, tout en rendant justice à la manière dont les accessoires sont traités, nous blâmerons le choix peu judicieux de ces objets. La robe rouge. le rideau vert, le fond bleu, le châle blanc forment une macédoine de couleurs tranchantes d'assez mauvais goût.

On doit savoir gré à Mme Irma Martin d'avoir choisi pour sujet de composition un trait de piété filiale, *la fille de Thomas Morus* s'accusant elle-même pour partager la captivité de son père.

La disposition générale des personnages est bien entendue. Mais l'attitude de la jeune fille qui se dénonce elle-même est beaucoup trop théâtrale : l'expression exclusive de sa physionomie c'est la colère. On y chercherait en vain la trace de ces sentiments de piété et de dévouement qui devraient être ici dominants. C'est une jeune fille qui commande, qui dicte des lois, c'est Athalie, Hermione : ce n'est point la jeune fille qui s'accuse et qui doit craindre que son accusation ne soit pas prise au sérieux. Le chancelier Thomas Morus est assez bien dessiné et peint : sa tête a du relief et se détache bien. Mais cette tête est d'un caractère un peu vulgaire et son calme ressemble fort à de l'insensibilité. Les figures que nous préférons, sont celles du juge instructeur et du jeune scribe assis sur la gauche. Malheureusement elles n'ont qu'un intérêt secondaire et le mérite des accessoires ne peut racheter le vice essentiel que nous avons signalé. Les mains sont une partie négligée dans ce tableau dont la couleur ne manque au surplus ni de vérité ni de puissance.

L'*Etude de femme* de cette artiste est d'un goût un peu prétentieux. Le galbe de l'épaule droite nous parait exagéré. On ne voit pas pourquoi un œil est fermé tandis que l'autre est à moitié ouvert. Les chairs ont un ton farineux et sont mollement exécutées

Les draperies sont dures. Le nœud de l'épaule semble frappé en tôle plutôt que formé avec une étoffe douée de souplesse.

Ces deux ouvrages de Mme Irma Martin, malgré leurs défectuosités, attestent cependant un pinceau facile, une heureuse organisation artistique, qui n'a besoin que d'être cultivée par le travail et des études habilement dirigées pour porter d'heureux fruits.

M. Laure, auteur de plusieurs portraits qui figurent au salon, a exposé une toile intitulée : *Une épisode de la vie de Ribeira*, qui se recommande par une exécution pure et correcte ; mais froide comme composition et assez terne de coloris. La jeune femme qui offre des rafraîchissements au jeune artiste pose avec une coquetterie prétentieuse, et semble n'éprouver aucun sentiment de compassion ; elle ne regarde pas, ou regarde à peine celui qu'elle assiste, et qui, de son côté, s'obstine à tenir les yeux fixés sur la terre, d'où il résulte deux figures juxta-posées qui ont l'air de n'avoir entre elles aucun rapport moral. La tête de Ribeira est bien dessinée et bien peinte; mais cette figure, comme la précédente, semble poser, et n'a pas au degré qui conviendrait l'expression d'abattement et de misère que comporte le sujet. Les tons noirs qui dominent généralement dans cette toile ne contribuent pas peu à la refroidir.

M. Laure a encore exposé de nombreux portraits ou études. Parmi ces dernières productions, nous préférons celle qui est intitulée *la Lecture*. Il y a dans cette tête de femme un caractère d'application sans contention violente; quelque chose d'intelligent et de réfléchi ; le dessin en est pur, et la carnation naturelle et reposée atteste une vie qui suit son cours sans effort, dans la paisible dégustation des jouissances intellectuelles.

La main chaude de M. Gué est une jolie composition de genre, dans laquelle on trouve, à côté de quelques imperfections, des détails charmants. Il y a une expression de bonhomie pleine de vérité dans la figure de la vieille femme. Celle de la jeune fille est d'une naïve candeur. Il y a surtout à côté de cette dernière un petit enfant dont la figure est d'une espiéglerie merveilleuse. C'est aussi un joli détail, un véritable trait de mœurs, que le chien qui, de l'intérieur de sa niche, se dresse pour jouir de cette scène de famille. Le dessin général de cette toile est correct ; la couleur en est vraie et solide. Il y a bien çà et là quelques détails moins heureux, le jeune garçon qui lève la main pour frapper a une attitude gauche et qui manque de naturel ; le marmot assis à droite est sans liaison avec le reste. Mais en somme c'est là une jolie et spirituelle composition.

Une *jeune femme allaitant son enfant*, du même, est une page pleine de sentiment et que dans sa simplicité nous paraît bien préférable à la précédente. La jeune femme, qui fixe ses regards sur fa Madone, a une expression parfaitement adaptée à son caractère agreste, sans rudesse. Elle est peinte avec un abandon qui n'est pas de la négligence, avec un soin qui n'est pas du léché. Les seins ont de la mollesse et ne ressemblent nullement à ces globes de marbre dont les statuaires et les peintres dotent à l'envi le beau sexe. Le ton général de cette toile est d'ailleurs harmonieux et respire le calme et la simplicité champêtres.

La scène de famille exposée par M. Gué (Oscar) offre comme exécution de remarquables qualités ; des détails bien étudiées et rendus avec une fidélité digne d'éloges. La tête du fermier, les plis de son gilet, le jeu de la lumière sur l'étoffe, tout cela est d'une vérité parfaite, d'une grande finesse d'exécution. La couleur est solide et ne manque pas de vérité quoique tirant au noir. Mais c'est là une épisode sans animation, il n'y a uuité ni d'intention, ni de sentiment dans les physionomies différemment occupées, dans les regards dont les directions divergent. La jeune fille du fond est peu agréable, et l'enfant qu'elle tient dans ses bras est, dans toute la force du terme, un petit monstre.

Parmi les jeunes peintres lyonnais, M. Compte-Calix, est un de ceux qui nous paraissent appelés à l'avenir le plus brillant. C'est qu'en lui nous ne trouvons pas seulement ce talent de main que tant d'autres possèdent à un certain degré, et à l'aide duquel on peut toujours représenter la nature matérielle avec quelque vérité, et obtenir des succès d'un ordre secondaire ; mais c'est que cet artiste nous paraît doué du don de composer et de donner de la pensée et du sentiment à ses personnages, qualité précieuse sans laquelle la peinture n'est qu'une sorte de brillant métier, qui demande plus de main que de génie, plus de patiente étude que d'inspiration heureuse et spontanée.

Hâtons-nous de dire que cette qualité ne nous paraît pas briller à un haut degré dans la *Prise d'habit*, espèce de lieu commun de roman et de peinture que M. Compte Calix a choisi pour sujet de l'une des pages qu'il a exposées. Cependant ce tableau a des choses bien senties et fort bien exécutées. La tête du père de la novice qui entraîne la mère chancelante, est d'un beau caractère. Elle est peinte et dessinée d'une manière remarquable. Celle de la supé rieure qui semble soutenir, par ses exhortations, la jeune fille à laquelle sa sœur adresse des supplications contraires, accuse une intention juste et parfaitement nuancée. On peut en dire autant de celle de la sœur où respire un intérêt tout fraternel. Mais l'attitude de cette dernière est raide et guindée, et la physionomie de la nouvelle religieuse n'a pas un caractère de déchirement assez prononcé pour le sacrifice qu'elle accomplit. Le jeune seigneur qui occupe le devant de cette composition, est un personnage trop sacrifié, et qui, par son insignifiance, forme un disparate assez choquant avec le reste de la scène. Les vêtements et les autres détails de son ajustement sont trop faiblement exécutés, eu égard à la précision de dessin et à la vigueur de pinceau qui caractérisent d'autres figures placées sur un plan trop reculé. Cette inégalité d'exécution et cet oubli des lois de la perspective qui veut que les premiers plans soient accusés plus vigoureusement, détaillés d'une manière plus minutieuse que le reste, se fait remarquer dans plusieurs autres parties de ce tableau.

Au milieu de beaucoup de choses très-bien dessinées, nous devons signaler d'incroyables négligences de ce genre. En examinant avec attention la mère qui s'éloigne : entraînée par son mari, on peut y trouver des bras, une tête, et peut-être des pieds, sans parler de la robe, qui existe à coup sûr ; mais pour un corps, c'est une autre affaire. Il suffit de considérer le point de départ de la ceinture : quelle que soit la souplesse de l'épine dorsale de cette respectable dame, il est impossible de pouvoir échelonner entre cette ceinture et la tête cachée dans ses mains tout ce que la nature doit y avoir placé. La distribution de la lumière est mal combinée : pourquoi la novice est-elle entièrement dans le jour, tandis que le jeune cavalier placé sur le premier plan est tout dans l'ombre ? Comment le jour qui vient de la tapisserie entr'ouverte atteint-il à peine le père qui la soulève, tandis qu'il va inonder les personnages placés en arrière ? Nous aurions encore bien d'autres irrégularités à reprocher à M. Compte-Calix : nous nous bornerons à deux observations qui touchent à la composition même. D'abord on ne s'explique pas très-facilement le sujet un peu vague dont il a fait choix. La jeune fille s'arrache-t-elle volontairement à sa famille ou bien est-elle sacrifiée par un père égoïste ? Nous nous sommes arrêtés à la première version : mais dans cette explication on ne se rend pas compte de l'expression impérieuse et presque brutale du père ; dans la seconde , on ne comprend pas l'expression suppliante de la sœur, ni l'air d'appréhension de la supérieure. Une dernière observation, c'est que l'attention se divise trop entre les deux groupes principaux qui occupent le premier plan. En peinture comme en poésie, l'unité est une règle dont on ne s'affranchit pas impunément.

Comme composition, nous préférons *le bon curé* , page dans laquelle M. Compte-Calix a mis certainement beaucoup moins de prétention, et pour laquelle il s'est donné moins de peine que pour la précédente. C'est une scène toute simple, toute villageoise, sans apprêt; mais que cela est naïf d'intention et vrai d'expression ! Comme l'ecclésiastique et les deux enfants se rencontrent bien par hasard, au travers des champs ! Comme la physionomie de ces derniers respire bien la curiosité et la joyeuse attente ! Comme celle du ministre de Dieu est pleine de paternelle bonhomie ! Il y a cependant dans cette idylle peinte, irréprochable comme sentiment, un grave défaut de perspective qu'il serait à notre avis facile de faire disparaître. A en juger par la pose de sa tête, le jeune garçon paraît placé sur le second plan ; mais voyez ses jambes , il paraît sur la même ligne que les deux autres personnages. Que cet effet tienne au trop grand écartement de ses jambes, ou au trop grand écartement de celles de la jeune fille, ou à tous les deux à la fois, comme nous le croyons, ce n'en est pas moins une grave et inexcusable négligence.

Nous nous sommes un peu étendus sur ces deux œuvres de M. Compte-Calix, parce que ce jeune artiste notre compatriote est doué de qualités précieuses qui ont besoin de travail et d'études pour se développer, et qu'il est arrivé à cette époque critique et souvent fatale pour le talent, où trop souvent énivré de ses premiers succès, il croit n'avoir plus qu'à moissonner des lauriers, et où plus que jamais il a besoin qu'on lui fasse sentir tout ce qui lui manque encore pour lui donner la volonté de l'acquérir.

Maintenant nous serons plus brefs sur les ouvrages qui nous restent à examiner : non pas que, dans le nombre, il ne s'en trouve plusieurs d'un mérite réel, supérieur même à beaucoup de ceux dont nous nous sommes déjà occupés, mais le temps nous presse. La clôture approche: déjà plusieurs morceaux d'un haut intérêt ont été réclamés par leurs auteurs qui les réservent à l'exposition de

Paris. Quelques instants de plus, et nous serions presque réduits à ne parler de la nôtre que d'après nos souvenirs.

Après la *sieste* de M. Colin, on peut encore s'arrêter devant un autre étude du *far niente* italien, que M. Bouterwek a exposée sous le titre de *un groupe de campagnard, un dimanche matin à Villetri*. Il y a dans cette petite page un rare bonheur de composition; avec une expression commune d'indolence, une grande variété de poses et d'expressions, un fini d'exécution, une harmonie générale de tons qui en font un des meilleurs tableaux de genre de l'exposition.

L'*Ange et l'Enfant*, de M. Bérard, ne manquent ni de sentiment ni de poésie : ces deux figures ont de la pureté et respirent la béatitude céleste ; mais l'artiste parait affectionner les traditions de la peinture gothique, peinture qui pouvait exceller à rendre le contour général des corps ; mais qui se ressentait de l'absence d'études anatomiques, et se mettait peu en peine de réproduire les effets du système musculaire. La figure et le cou de la jeune femme penchée sur le berceau sont un peu trop exécutés dans ce goût : quant à l'ange qui se découpe d'une manière un peu crue sur le ciel bleu du fond, nous aimons peu la longue robe sous laquelle il est difficile de deviner l'existence des jambes dont tout ange doit être doué, sous peine d'être soupçonné de finir en sirène.

La petite chapelle de la Fête Dieu, de M. Chasselat, est une spirituelle esquisse qui ne demanderait qu'à être exécutée avec quelque soin pour former une jolie composition.

Quoique on reproche avec raison à M. Dérudder d'avoir abusé du noir dans son tableau d'*Hamlet*, ce n'est pas moins là une page d'un rare mérite, pleine de vie et de passion, et exécutée avec autant de soin que d'habileté. La figure d'Hamlet est pleine d'une ironie amère conforme aux paroles que le livre met dans sa bouche : le corps du malheureux que le fer atteint est admirablement accusé par la tapisserie derrière laquelle il est caché. L'attitude du meurtrier est juste et pleine de vérité. L'effroi de la reine exprimé par le mouvement de son corps et par le jeu de sa physionomie est à la hauteur de la situation tragique. Il ne manque à cet ensemble qu'un peu plus de lumière pour attirer les regards de la foule, autant qu'il mérite l'estime des connaisseurs.

C'est une des plus gracieuses et des plus spirituelles compositions du salon que la *Mascarade florentine* de M. Loubon. A la vérité les fonds sont sacrifiés à la barque qui se trouve sur le devant. Les arbres n'ont pas une verdure naturelle, et les personnages qui circulent sous leur ombrage sont trop peu exécutés même pour la distance où ils sont placés. Mais comme cette barque forme à elle seule une scène pleine d'animation et de gaîté, comme toutes ces figures respirent la folle joie et la licence des orgies carnavalesques; comme cette tête de femme est lascive et son attitude nonchalante; comme cette autre est pétillante de malice; comme la figure du joueur de guitare respire une sarcastique insolence! Il n'y a pas jusqu'à ces draperies traînantes qui tombent dans l'eau qui n'ajoutent à l'animation générale par le désordre qu'elles accusent.

C'est là une page écrite avec une verve entraînante et facile, et dont les parties essentielles sont cependant exécutées avec tout le soin que demande ce genre de composition.

Le bon Pasteur, de M. Cœdes, est une œuvre qui ne manque pas d'un certain mérite d'exécution; mais elle est froidement composée. Le groupe de la famille incendiée n'a pas assez d'unité : la mère qui allaite son enfant a une expression d'insignifiance banale qui rebute. Ce qu'il y a de mieux, c'est peut-être la vieille femme qui se jette aux genoux du curé pour le remercier de son assistance. Cette toile a d'ailleurs une couleur terne et malheureuse, qui n'est pas propre à lui attirer les regards.

Ce défaut de coloris est celui que nous reprocherons également à M. Géniols, peintre de mérite, qui s'entend bien à dessiner et à grouper des personnages. Son *Pardon de Bretagne* était susceptible de présenter un grand intérêt. Mais les groupes, composés d'une manière intelligente et assez pittoresque, sont tellement multipliés qu'ils se nuisent les uns aux autres en divisant l'intérêt d'une manière indéfinie. La scène principale, celle qui se passe au pied de la croix, est d'ailleurs reculée sur le second plan et se trouve ainsi écrasée par les trois ou quatre scènes différentes qui occupent le premier, et qui n'ont de liaison ni entre elles ni avec celle-ci. Ce sont cinq ou six tableaux dans un seul, et ce n'est pas un bon tableau. Le fond et le ciel sont d'une teinte grise qui suffirait, à elle seule, pour étouffer un mérite plus saillant. L'état de l'atmosphère, transparente et presque pure, l'état de la végétation qui, à en juger par le feuillage des arbres, est en pleine vigueurr, ne justifie pas les teintes qui pèsent comme un brouillard sur cette composition.

L'attente de M. Duval est une scène qui, sans prétention, a le don de plaire. La femme du pêcheur, qui a les yeux fixés sur la mer, a une attitude vraie et une expression convenable. Elle désire, mais sans éprouver une anxiété trop vive : on voit dans sa physionomie, avec la crainte du terrible élément, la confiance en la force et l'habileté du marin.

C'est à M. Dupré qu'il faut adresser surtout le reproche de faire des corps sans os, des chairs où il n'y a ni veines, ni muscles, des doigts feuille de rose dont tant de peintres s'obstinent à affliger le beau sexe. Ces défauts brillent de tout leur éclat dans sa page intitulée: *La Prière*, où l'on remarque cependant une jolie tête de jeune fille, mais qui se ressent du vice général que nous signalons et qui est gâtée par une teinte violacée répandue sur toute cette toile.

M. Finart abuse un peu des cavaliers turcs et des janissaires comme d'autres abusent des Grecs, des pêcheurs napolitains, des odalisques, etc., etc. Nous serions tentés de croire que, dans ses compositions si jolies du reste, cet artiste reproduit toujours le même cheval, le même turc et le même janissaire. Malgré cette monotonie de composition il faut reconnaître cependant qu'il s'entend bien à grouper des cavaliers et à les mettre en mouvement, et qu'il joint à cela une grande finesse d'exécution. Nous n'avons pas à féliciter M. Finart d'être sorti de sa spécialité hippique pour produire la scène champêtre qu'il a intitulée : *La Toilette aux champs.*

Mme Fontaine a exposé dans son *enfant tenant un chien* une fort jolie étude où l'on trouve des détails fort bien rendus, entre autres la tête de la chienne qui flaire son petit, et le petit lui-même. La figure de l'enfant est bien peinte et bien dessinée, et a une expression d'heureuse naïveté. Ce qu'on pourrait reprocher à cette toile c'est une tendance au noir trop prononcée. *L'Enfant au lapin* est bien moins heureux sous tous les rapports.

Les deux compositions de M. Guyot, *une conversation*, *un concert*, offrent des groupes assez bien entendus dans lesquels on remarque des têtes bien peintes et d'une bonne expression, à côté de quelques autres détestables ; des choses très-finies à côté d'autres qui sont exécutées avec une impardonnable négligence.

Il y a bien quelque chose d'un peu maniéré d'un peu trop léché dans le tableau de Mme Haudebourt-Lescot dont le sujet est *Rousseau et Thérèse.* Mais la pose et l'expression des deux personnages est heureuse, la peinture a du charme : il y a de l'air et de la lumière dans cette modeste demeure, et les accessoires sont traités avec un fini remarquable.

M. Lauras n'a pas été du tout heureux dans les *trois frères du*

Frontal, et il ne l'a été que médiocrement dans sa *vue prise de Ste-Foy*. Quoiqu'il y ait dans cette toile quelques effets de feuillage roussis par l'automne hardiment attaqués et heureusement rendus, quoique les groupes de personnages soient jetés avec assez de désinvolture, quoique quelques-uns soient assez bien peints, il y a dans cette composition une crudité de ton et une exagération de couleur qui choquent l'observateur le moins exercé.

Le puits de Bouffarick de M. Leclerc est une excellente étude de ces Bédouins qui sont devenus une espèce de lieu commun pour la peinture. Il faut dire que les larges plis des burnous flottants de ces barbares, leurs figures caractérisées, leurs poses pleines de poésie et de dignité, sont une tentation bien dangereuse pour nos artistes dont nos costumes étriqués, nos physionomies mobiles et insaisissables rendent la tâche si difficile.

M. Lepault dont nous parlerons tout-à-l'heure, à propos de la peinture d'animaux, a exposé une tête d'étude intitulée : l'*Antiquaire* dont le dessin est correct, et dont la peinture est soignée mais qui tire un peu trop au noir et dont l'aspect est assez ennuyeux.

M. Moine, sculpteur qui est peintre et de plus coloriste, a exposé deux toiles. *Les Baigneuses* ont du charme, de la suavité : leurs chairs sont modelées d'une manière puissante : elles forment un groupe voluptueux et pittoresque. Mais, le tout est encadré dans un paysage qui n'en est pas un, où tout est convention, la verdure, les rochers, et surtout l'arbre qui s'étend au-dessus du bassin. Il y a cependant dans le fond un effet de couchant qui est bien et vrai. Sa *Tête de Martyr* est bien peinte, bien modelée, d'un caractère élevé et religieux ; mais les chairs ont un ton violet qui les rend invraisemblables.

Le prix de Rome, par M. Thevenin nous plaît fort médiocrement comme composition. Mais, il y aurait injustice à ne pas rendre hommage à la pose et à l'expression de tendresse maternelle un peu triviale mais vraie, de la mère assise sur le premier plan. Les meubles, les étoffes, les draperies, et tous les accessoires sont du reste exécutés avec ce fini consciencieux, ce soin indispensable pour les productions de ce genre, et que tant d'autres négligent ou sont loin de posséder au même degré.

§ V.

M. GUICHARD, — M. SOULARY, — Mlle DESNOS, — Mlle AMÉLIE COIGNET, — M. JACOMIN, — Mlle LAFOND, — Mlle DABRY, — M. SABOT, — Mlle BECCARD, — M. CHABANNE, — M. E. DE LANSAC, — M. LEPAULT, — M. DUBUISSON, — M. DUCLAUX.

La sollicitude maternelle de M. Vallon de Villeneuve est une page qui se recommande par une couleur agréable et naturelle et par un grand fini d'exécution. L'enfant est fort gracieux: son berceau, les rideaux et tous les accessoires qui l'environnent sont bien rendus. Tout ce qu'on peut reprocher à la jeune mère c'est la gaucherie de son attitude et son défaut d'expression; c'est plutôt une jeune fille ignorante et naïve qu'une jeune mère. Sous ce rapport le titre du tableau est un contresens.

M. Soulary, directeur de l'école de Saint-Etienne, a exposé une toile représentant *un Mendiant et sa fille*. Les deux têtes du mendiant et de sa fille sont bien peintes : les haillons dont ils sont revêtus sont rendus avec vérité; mais sous l'enveloppe de ceux qui recouvrent le vieillard, on a peine à reconnaître l'académie du corps : le raccourci des pieds n'est pas heureux. La jeune fille a une main ouverte en éventail qui est disgracieuse, et la direction de ses pieds n'est pas en harmonie avec celle du corps. S'il faut dire notre pensée, nous soupçonnons ces personnages de n'être que des mannequins auxquels des têtes ont été ajustées : ajoutons que la couleur de ce tableau pousse au noir à rebuter la vue.

En sautant par dessus quelques productions peu importantes, nous arrivons aux portraitistes. Déjà nous avons examiné un certain nombre d'œuvres de ce genre, avec les ouvrages des peintres qui ont exposé des compositions plus compliquées. Disons quelques mots de ceux qui n'ont exposé que des portraits.

Dans cette catégorie nous retrouvons M. Guichard, notre compatriote, qui, distrait par les travaux de la chapelle de Saint-Germain-l'Auxerrois, qu'il a été chargé de restaurer, et par une grande composition dont le sujet, à ce que nous croyons, est l'apothéose de la princesse Marie, ne nous a envoyé qu'un simple portrait, représentant le buste d'*un jeune homme revêtu d'une armure*. Nous avons retrouvé dans cette toile la touche vigoureuse, la couleur puissante qui caractérisent le talent de notre compatriote. La tête est bien dessinée et bien peinte ; mais le reste du corps paraît n'être que simplement ébauché ; c'est ainsi que nous nous expliquons le malheureux raccourci de l'avant-bras gauche et son emmanchement non moins malheureux avec le bras proprement dit.

Une *jeune femme se préparant à aller au bal* de Mlle Desnos de Paris est en ce genre une des œuvres remarquables du salon. Il est difficile de peindre avec plus de vérité, de puissance et de charme. Cette tête se projette en avant d'une manière tout-à-fait naturelle, et se détache complètement de la toile. Ce n'est point une tête de bas-relief perdue dans les fonds comme tant d'autres : son relief est celui de la nature elle-même : les chairs de la figure, le cou, la poitrine, tout cela est d'une couleur vraie et exempte d'exagération ; les draperies, les accessoires et en particulier les dorures de la Psyché sont traités avec un fini remarquable. Tout ce que l'on pourrait reprocher à cette œuvre, c'est un peu trop de léché pour une figure de cette dimension. On pourrait aussi reprocher à l'auteur la nature un peu massive du modèle; mais ceci est une affaire de goût individuel : l'essentiel c'est que le modèle soit bien rendu.

La paresseuse de Mlle Amélie Coignet est une charmante tête de jeune fille qui a fixé au même degré les regards du public et des connaisseurs, par le charme de sa couleur, par son expression de rêverie nonchalante, comme par le fini de son exécution. *Le tambour* de la garde nationale de Paris, de la même, est bien loin de cette œuvre.

M. Jacomin, notre compatriote, a exposé de nombreux portraits qui se recommandent par un bon dessin et une exécution consciencieuse, mais auxquels nous reprocherons cependant de manquer un peu de couleur et de vie. Ce dernier reproche ne saurait cependant s'adresser au portrait de dame que cet artiste vient d'exposer, et qui est un des meilleurs de l'exposition. Tout ce qu'on pourrait y critiquer ce seraient les mains, dont l'exécution est molle et peu correcte.

Le portrait de la princesse B., par Mlle Lafont, un peu dans le goût de Dubuffe, est exécuté avec une froideur élégante et recherchée. Les chairs sont mollement peintes et d'une blancheur trop uniforme. Elles manquent un peu de relief. C'est au surplus l'œuvre d'un pinceau habile et consciencieux. Les dentelles de la robe sont rendues avec un fini parfait.

Mlle Dabry, notre compatriote, a exposé deux têtes d'une exécution remarquable, eu égard à la jeunesse et au sexe de l'artiste ;

celle du *religieux en prières*, quoique d'un caractère un peu vulgaire, est bien dessinée, et d'une couleur puissante et vraie.

Mme Sabot a une manière de peindre qui n'est peut-être pas exempte de toute afféterie, mais qui cependant réussit à rendre la vie et à donner de l'animation à une tête. Ses défauts et ses qualités brillent à un degré presque égal dans son propre portrait qu'elle a exposé.

Dans son portrait de M. B..., Mlle Beccard a montré une remarquable aptitude à saisir la ressemblance : l'exécution en laisse sans doute quelque chose à désirer : elle annonce un pinceau peu expérimenté encore, mais capable de produire des œuvres remarquables lorsque le temps lui aura donné ce qui lui manque.

M. Chabanne est toujours le roi de la miniature : cet artiste dessine bien, sa touche est pleine de finesse, sa couleur naturelle, vraie, aussi puissante que le demande le genre qu'il a adopté. Il a surtout, ce qui est indispensable pour sa spécialité, et ce qui est une grande difficulté, eu égard à la dimension de ses œuvres, un grand talent pour rendre la ressemblance.

Avant d'arriver à la nature inanimée, disons quelques mots des peintres d'animaux qui, dans l'ordre tracé par la nature, viennent immédiatement après ceux qui se sont voués à la reproduction de la forme humaine.

Nous avons de belles études de chevaux de M. E. Lansac et de M. Lepault. Ce qu'il faut chercher dans l'*abreuvoir* du premier, c'est moins un dessin d'une correction irréprochable, le fini de l'exécution, que la vie et le mouvement semés avec profusion dans cette scène hippique. Sans doute sous le rapport de l'exécution même, il y a des parties exécutées avec une habileté consciencieuse, telles que la tête du cheval vu de face, celle du cheval vu de profil qui s'abaisse pour boire. Il faut rendre justice à la manière naturelle et sans effort dont les jockeys se tiennent à cheval. Mais on peut cependant remarquer çà et là des parties exécutées avec moins de soins, parfois même quelques incorrections véritables. Nous croyons que la jambe que tend en arrière le second cheval, à droite est un peu alongée, et que la croupe de celui qui est vu de face, en raccourçi oblique, est un peu trop massive pour les parties antérieures. Ce qu'il faut admirer dans cette étude de chevaux, c'est le mouvement général de leurs corps, la variété de leurs poses, le jeu de leur physionomie. Toutes ces têtes semblent parler, être animées de passions diverses ; ces yeux ardents semblent échanger des menaces, des craintes, des défis ou des sympathies.

M. E. de Lansac a été moins heureux dans son *cuirassier français se rafraîchissant* à la porte d'une auberge de la campagne Romaine. Le cheval de ce cavalier paraît de carton, tant il est raide et dépourvu de vie. Les deux personnages placés sur la gauche du premier plan sont ce qu'il y a de mieux dans ce tableau comme dessin et comme peinture.

Aux chevaux de M. E. de Lansac, nous préférons encore ceux de M. Lepault. *Les chevaux effrayés par un épervier* de ce dernier ont moins de mouvement sans doute que ceux du premier; mais quelle élégance de forme et quelle noblesse de port! quel bonheur et quelle justesse admirable dans le raccourci de son cheval isabelle; quelle beauté de proportions dans le cheval brun qui est vu de profil! Comme le jeu de la lumière sur son pelage luisant est bien rendu; comme le pinceau du peintre a heureusement exprimé l'effet du poil et du contre-poil! Un examen attentif fait cependant découvrir quelques incorrections dans ces deux belles études du plus bel animal qu'ait produit la création. La jambe gauche de derrière du cheval brun nous semble trop courte, et par l'effet de l'inclinaison du terrain sur lequel elle repose, elle paraît placée en dehors du plan général du corps par un mouvement forcé qui n'est pas naturel chez les animaux de cette espèce. La courbe du ventre du cheval isabelle et sa jambe droite de devant présentent aussi de légères irrégularités.

M. Dubuisson, lui, ne s'élève pas jusqu'à la représentation de cette variété du cheval qui en constitue l'aristocratie, par l'élégance de sa forme, ses qualités et sa destination. Ce qu'il affectionne, c'est le cheval roturier et prolétaire, c'est le robuste limonier qui traîne de lourds fardeaux sur nos routes, dans nos rues et sur nos rivières. Ce genre, il faut en convenir, présente un peu moins de difficulté que le précédent; car il est facile de faire poser et de croquer à loisir ces pesantes machines vivantes, qui ne se remuent guères que lorsque le fouet est venu stimuler leur gravité naturelle; mais il est un peu plus difficile de saisir au vol les attitudes variées, les mouvements spontanés et rapides qui caractérisent le cheval de luxe, le cheval guerrier, le cheval fier, ardent et impétueux qui brille, court et combat.

Néanmoins, il peut y avoir du mérite à reproduire cet animal plus modeste, mais non moins utile que le premier; et nous reconnaissons que M. Dubuisson réussit à un degré peu ordinaire dans la spécialité qu'il a adoptée. Quoique la couleur de ses fonds affecte avec une obstination fatigante les tons ternes et gris, elle acquiert cependant de la puissance dans la peinture de ses chevaux qui sont en général bien étudiés, et peints avec vigueur, dont les habitudes de corps sont vraies et attestent une observation consciencieuse.

Tous les morceaux exposés par cet artiste présentant les mêmes défauts et les mêmes qualités, nous nous bornerons à parler de celui qui a pour sujet uu *attelage normand*, déchargeant un bateau pêcheur, à marée basse. Grâce à ce caractère de la nature et du sol qu'il a imités, le peintre échappe ici au reproche qu'il mérite ordinairement de tout peindre en gris. Ses personnages, hommes et chevaux, sont groupés d'une manière spirituelle et pittoresque; mais cette production, à nos yeux, a un défaut essentiel: Le groupe formé par les bateaux pêcheurs, l'attelage et les différentes figures humaines, paraît être placé sur une éminence, tandis que, d'après la donnée du paysage et d'après la nature du terrain, il doit reposer sur une plage parfaitement unie. Ce vice de perspective tient à deux causes: la première, c'est que la ligne formée par les couples qui se succèdent, en faisant face à l'observateur, a une inclinaison beaucoup trop prononcée; la seconde, c'est que les ombres produites par le soleil demi-voilé qui se montre au centre du tableau ont une convergence beaucoup trop forte, sinon tout-à-fait fausse. A en juger par leur direction, le foyer de lumière dont elles sont la conséquence ne serait pas situé à plus de 50 pieds de distance. Or, les ombres produites par un corps lumineux placé à des millions de lieues doivent être sensiblement parallèles. Il fallait que le parallélisme fût sensible à l'œil, et quelle que soit la position que l'on prenne en face du tableau de M. Dubuisson, il est impossible d'admettre ce parallélisme.

M. Duclaux s'est montré à cette exposition, comme aux précédentes, gracieux compositeur et dessinateur habile, dans la spécialité qu'il s'est judicieusement choisie. Parmi les différentes toiles qu'il a exposées, son *taureau* est, sans contredit, ce qu'il y a de mieux dessiné et surtout de plus vigoureusement peint. Le bouvier placé à côté de l'animal, le chien qui l'accompagne sont bien posés; mais les fonds manquent de vigueur et de vérité. Ce tableau ne pourrait que gagner si l'artiste retranchait toute la partie qui est située à droite, et qui n'est nullement nécessaire à l'effet général.

Les *Paysans génois jouant à la morra* sont une gracieuse composition qui se recommande par une grande correction de dessin, par une touche fine et suave. Les bœufs qui composent l'attelage sont exécutés avec un sentiment parfait de la forme. Le raccourci en est juste. La perspective générale nous semble assez bien observée. Mais cette jolie page laisse aussi à désirer sous le rapport de la couleur. Presque tout le premier plan est gris et roux, les bœufs, le chariot, le conducteur, les personnages, les terrains et les détails accessoires. N'était-il pas possible au peintre de varier un peu sa couleur, de manière à faire ressortir les uns par les autres, sans affectation, les différents objets qu'il a d'ailleurs si habilement groupés ensemble ?

§ VI.

PAYSAGISTES. — VANDERBOKEN. —ROQUEPLAN. — COIGNET. — HOSTEIN. — THUILIER. — GUINDRAND.— FONVILLE.— M. BOUQUET. — M. PERROT. — M. RENOUX. — M. PAUL FLANDRIN. —M. LEYMARIE.—M. DIDAY.—M. GUIGNON.—M. FRANEUR.— M. BLANCHARD. — M. VACHAT. — M. PONTHUS CINIER. — M. GUEDY. — M. VANDERBURK. — M. VERWIER. — M. REGNY.— M. LAPITO. — Mme CLERJET.— M. RENIÉ. — FLEURS. — MM. REDOUTÉ. — ST-JEAN.— PREMILLIEUX.

Le paysagiste a certes d'incontestables avantages sur le peintre de la nature animée. Il n'a pas besoin de se mettre en frais d'imagination pour ses tableaux : la nature lui en offre à chaque pas de tout faits : il n'a point à se préoccuper de l'expression de la figure, de l'art si difficile de mettre ses personnages en rapport les uns avec les autres. Il est vrai encore que les objets qu'il s'attache à reproduire, n'ayant aucune proportion fixe et nécessaire, il n'est pas astreint à les copier scrupuleusement ; ce qui lui laisse une certaine latitude de dessin et permet à son crayon de commodes écarts.

Mais du reste quelle difficulté d'exécution, quelle finesse de perception, quel sentiment de la couleur et des nuances, quelle étude approfondie de la perspective ne lui sont pas nécessaires ! Il n'est pas tenu à une reproduction servile, c'est vrai ; mais c'est précisément le vague et l'arbitraire dans lequel il se trouve placé qui rendent sa tâche plus délicate et plus difficile ; si la nécessité de se conformer rigoureusement aux proportions naturelles, dans d'autres genres, est une difficulté, c'est aussi un appui pour le peintre qui a sous les yeux un modèle dont il ne peut s'écarter : c'est comme un chemin tout tracé dans lequel il n'a qu'à marcher, tandis que le paysagiste est obligé de se le frayer à tâtons, au risque de s'égarer à chaque pas.

Pour se convaincre de cette vérité, il suffit de voir quel est le nombre des artistes qui obtiennent de véritables succès dans ce genre si cultivé, comparativement à ceux qui réussissent dans d'autres genres. Pour ne parler que d'un seul détail, il y a au dernier salon bon nombre de peintres qui nous ont prouvé qu'ils savaient dessiner et peindre la tête d'une manière à peu près irréprochable. Eh bien! combien y en a-t-il qui sachent faire un arbre passable, non pas parmi les peintres d'histoire ou de genre, mais parmi les paysagistes eux-mêmes? Ceci dit en passant, pour relever un peu le mérite de ce genre trop peu prisé: venons aux paysages eux-mêmes.

Peu de personnes ont remarqué à l'exposition un tout petit paysage de Vanderboken de dix-huit pouces d'environ de hauteur sur douze de large. Ce tableau miniature qui serait plutôt une étude d'animaux qu'un simple paysage, est une véritable merveille d'exécution. Il y a là deux ou trois moutons, un âne et surtout une grande vache rousse et décharnée qui sont peints avec une vérité de couleur, un fini d'exécution dont rien de ce que nous avons vu au salon n'approche certainement. Les accessoires, le terrain et jusqu'aux morceaux de bois morts placés sur le premier plan sont traités avec le même scrupule. Mais ici, comme partout, l'exagération d'une qualité conduit à l'affectation et engendre des défauts. L'artiste a eu la fantaisie de placer sur le premier plan un papillon, papillon si petit qu'il faut presque une loupe pour le voir, si finement exécuté que le premier échappé de collége le reconnaîtra de suite comme appartenant à la famille des vulcains. Mais si mignon que soit cet insecte, il est encore trop grand; car, en le comparant aux objets environnants, il doit avoir dix pouces d'envergures, au lieu de deux ou trois que lui a octroyés la nature.

Comme paysagiste, M. Roqueplan se place dans une classe à part et fait école. Ce qu'il faut chercher dans ses œuvres, et principalement dans celle qu'il nous a envoyée, ce ne sont point des terrains accidentés, des études d'arbres, des contrastes plus ou moins heureux, et tout ce qui défraie le paysage ordinaire. Celui qu'il nous a envoyé est une vaste plaine, sur le premier plan de laquelle se trouve tout simplement une écluse de canal. Mais ce qui est digne d'admiration, c'est la profondeur qu'il a su donner à sa toile, par la progression savamment décroissante des bêtes à corne disséminées dans ce vaste pâturage; c'est la lumière vraie, simple et naturelle qu'il y a répandue à profusion, sans avoir recours à aucun de ces repoussoirs par lesquels d'autres cherchent à faire naître des effets et à frapper les regards. Les groupes de bétail qu'il a semés sur cette plaine, sans être exécutés avec un fini recherché, sont groupés d'une manière pittoresque, naturelle, et peints d'une manière large et puissante.

Le ciel de M. Roqueplan est d'une couleur naturelle et vraie, et la dégradation des tons, depuis le zénith jusqu'au point où il s'appuie à l'horizon, est habilement observée. Mais les nuages n'ont point cet aspect transparent et vaporeux qui caractérisent ce météore ; ils semblent étendus avec la truelle, et forment un badigeonnage peu flatteur à l'œil. Cela est d'autant plus malheureux, qu'à la rigueur le paysage pouvait se passer de cet accessoire.

Parmi les paysages de l'exposition la *Vue d'Auvergne* par M. Coignet est un de ceux qui exercent la séduction la plus générale, grâce au charme de l'exécution qui se joint ici au charme du site. L'eau de ce torrent est admirablement limpide : elle se brise et blanchit avec une vérité qui égale la nature. L'usine qui se trouve sur la droite, et les bancs de roches sur lesquels elle est bâtie, sont parfaitement étudiés et exécutés avec une vigueur peu commune. Les seconds plans fuient, et se perdent avec bonheur dans un lointain vaporeux : tout ce qu'on pourrait trouver à redire à ce délicieux paysage, c'est un ciel un peu cotonneux mais qui ne manque cependant pas de vérité, et la teinte blanchâtre des quartiers de roches qui se trouvent sur le premier plan à gauche. M. Coignet a exposé encore une *vue des ruines de Taormina* en Sicile, qui plaît moins généralement que la précédente. La perspective en est cependant bien observée et les premiers plans présentent surtout des groupes d'arbres fort bien rendus : on peut leur reprocher d'être d'un vert un peu terne.

M. Hostein qui a envoyé quatre paysages dont deux lui ont été fournis par nos pittoresques environs, l'*île Barbe* et la *Quarantaine*, sait dessiner les arbres ; sa lumière est abondante et son coloris est vigoureux sans exagération. Ses eaux sont pures et transparentes. Celui de ses paysages que nous préférons est une *vue du lac de Genève* prise à Amphion. On y remarque des études d'arbres bien faites et des effets de lumière aussi heureux que vrais. Ce que nous préférons cependant, c'est le lac lui-même et les montagnes bleues qui le terminent et qui sont rendus avec une grande finesse de tons et un juste sentiment de la perspective.

Dans *la vue prise à Terracine*, il y a un admirable groupe de palmiers qui s'élancent du milieu d'un marais. Mais le reste du paysage est un peu sacrifié sous le rapport de l'exécution. Les terrains du second plan sont à peine ébauchés. Cette toile est du reste fort bien éclairée, et les tons ardents qui y dominent sont tout-à-fait ceux du ciel des Etats Romains.

Nous connaissons peu de paysagistes dont les œuvres aient un cachet plus original que M. Thuilier : cet artiste pourrait à la rigueur se dispenser de mettre son nom au bas de ses tableaux ; car il n'est personne qui, en les voyant, ne reconnaisse aussitôt sa manière, son ciel, ses terrains et surtout ses arbres ; car son ciel, ses terrains et surtout ses arbres sont les mêmes dans toutes ses compositions. Pour lui le règne végétal se résume en un seul arbre, dont la forme générale, le feuillage et la couleur ne varient jamais. Est-ce le chêne, le noyer ou le châtaigner que M. Thuilier a ainsi adopté, et qu'il reproduit avec une prédilection exclusive ? nous ne savons ; mais cette monotonie est aussi fatiguante qu'elle est peu conforme aux lois de la nature qui se montre plus variée dans ses productions. Ajoutons que cet arbre dont le tronc et le branchage sont pittoresques, a un feuillage lourd, d'un vert équivoque et indéfinissable.

Cette part faite à la critique, disons que M. Thuilier est du reste, un observateur consciencieux de la nature ; qu'il excelle à rendre les mouvements de terrains, à faire fuir la perspective ; que son ciel, un peu trop uniforme, est généralement d'une couleur vraie et sans exagération ; que les nuages qui y flottent sont de véritables nuages roulés par les vents, et non pas des balles de coton versées sans art sur la toile, comme ceux de tant d'autres paysagistes. Ce qu'il y a de plus remarquable dans le paysage que cet artiste a exposé cette année, ce sont les montagnes qui en forment le second et le troisième plan : il est impossible de faire mieux sentir les déchirures des montagnes alpestres ; de rendre avec plus d'intelligence et de vérité les effets de la lumière sur les anfractuosités de ces murailles de rocher.

Notre fécond paysagiste, M. Guindrand, a exposé cette année, comme les précédentes, un grand nombre de toiles où l'on trouve à côté des défauts ordinaires qu'on critique en lui (l'incorrection, le défaut de fini, l'exagération de quelques effets de lumière), les précieuses qualités qui le distinguent et qui n'avaient peut-être pas encore paru avec autant d'éclat.

On reproche à cet artiste qui à quelques égards paraît marcher dans la même voie que M. Roqueplan, de n'être qu'un peintre d'horizon. Ce reproche nous semble injuste. Si M. Guindrand fait peu d'arbres, et s'il ne réussit que médiocrement dans cette partie difficile de l'art du paysagiste, en revanche ses terrains du premier plan sont généralement bien étudiés et rendus avec une remarquable vigueur. Ce n'est pas d'ailleurs un médiocre talent que celui de peindre l'air et la lumière, de rendre ces effets de lointain qui échappent à l'analyse et qui exigent un pinceau en quelque sorte inspiré. On peut, avec de l'étude et une observation assidue, parvenir à reproduire avec une certaine exactitude les autres éléments d'un paysage : les terrains, les arbres, les rochers, etc.; mais quant à celui-ci il faut une certaine verve d'exécution, une puissance de coloris que la nature seule peut donner.

Ce que cet artiste a produit de plus remarquable cette année, c'est *une vue de crépuscule* se reflétant dans une mer calme et transparente. Cet effet de lumière, en soi, est vraiment magique. L'embrasement du ciel par le soleil couchant est rendu avec une chaleur de ton qui n'ôte rien à la vérité : la dégradation de la lumière et des ombres qui luttent ensemble dans ce moment où, selon l'expression de l'un de nos poètes, n'étant plus jour il ne fait pas encore nuit, est rendu avec un sentiment parfait des nuances. Il est à regretter seulement que M. Guindrand ait voulu combiner cet effet de soir avec un effet de lune et d'étoile qui nous paraît tout-à-fait manqué. Sa lune a l'air d'être suspendue à cinquante pieds dans l'air et elle aurait besoin pour être facilement reconnue qu'on écrivît au-dessous : « Ceci est la lune. » Quant à la réflexion de l'astre, le peintre en voulant la faire ressortir vivement n'a réussi qu'à empâter sa toile.

La *vue de Chiavari*, *effet du soir*, est d'un ton trop cru et évidemment exagéré : jamais la Méditerranée et le ciel d'Afrique n'ont offert de teinte de ce bleu foncé.

Dans sa *vue d'un champ de blé*, l'artiste a peut-être un peu trop économisé la lumière qu'il répand ailleurs à profusion. L'ombre qui couvre le premier plan n'est pas justifiée par la direction générale des autres ombres du tableau, et semble n'être qu'un repoussoir pour faire ressortir les seconds plans.

La tempête, récemment exposée par le même, forme une scène très-animée : la mer est bien mouvementée et se brise bien sur les roches du rivage; mais l'écume de ses vagues est trop pâteuse et n'a pas la légèreté et l'éclat qu'elle devrait avoir. L'effet du soleil couchant sur les nuages orageux qui couvrent l'horizon a été, de la part du peintre, l'objet d'efforts trop accusés par la quantité de rouge et de blanc qu'il y a accumulés, et cependant il n'a pas complètement réussi.

M. Fonville qui a choisi pour sujet un des plus jolis paysages de notre ville, si riche en ce genre, nous paraît en progrès sur les années précédentes. Ses premiers et seconds plans, sans être exactement conformes à la vérité du site, sont bien étudiés. Les massifs de verdure qui en occupent une partie, sont faits avec un soin consciencieux. La perspective est généralement heureuse; seulement la chaîne des Alpes qui forment son dernier échelon, est faite un peu trop lourdement et se rapproche trop. La couleur de M. Fonville est naturelle et vraie, mais elle pourrait être plus chaude et plus vigoureuse. Somme toute, ce paysage est un des bons ouvrages de ce genre à l'exposition, et la Société des Amis des Arts qui fait preuve d'un goût judicieux dans ses choix, a bien fait de l'acheter.

De tous les paysagistes dont les œuvres ont figuré à l'exposition M. Bouquet est sans contredit celui qui rend le mieux la haute futaie. Voyez la forêt qui couvre ce mamelon : comme les différentes essences d'arbres dont elle se compose sont bien accusées! Comme l'embranchement de leurs rameaux, comme les masses de leurs feuillages sont fidèlement rendus! Et pourtant il n'y a rien là qui sente le léché, qui semble le fruit d'une pénible étude. La forêt, le lac, les terrains du premier plan, tout est jeté naturellement et sans effort, par un pinceau qu'au premier abord on pourrait croire négligé, mais qui n'est qu'heureux et habile. Nous louerons même l'artiste de n'avoir point cherché à animer ce site par des groupes d'êtres humains qui en auraient détruit le caractère sauvage, et de s'être contenté d'y placer une troupe d'oiseaux aquatiques qui prennent leurs ébats dans cette eau paisible. Nous n'aurions vraiment que des éloges à donner à cette toile, si les eaux avaient un peu plus de transparence, et si le ton du paysage ne tirait pas un peu trop au noir.

Le même artiste a exposé une marine qui représente un *Bâtiment désemparé* en pleine mer par un gros temps. Nous rendons justice à la couleur, à la forme des vagues, et à l'effet de ce rayon lumineux qui reflète dans le creux d'une lame; mais la fureur et l'élévation des flots ne sont pas assez prononcées pour expliquer les avaries du navire battu par la tempête.

La vue du golfe de Salerne, par M. Perrot, est une des meilleures marines que nous ayons vues à notre salon. Toute la partie qui représente le rivage et les fabriques qui la bordent est consciencieusement étudiée, bien peinte et surtout admirablement éclairée. Les vagues de la mer ont de la transparence et de la légèreté ; mais elles manquent d'ampleur et de majesté, et sont un peu trop sautillantes. Les deux barques de pêcheur sont un fort joli détail : la première surtout est posée d'une manière à la fois hardie et coquette. Peut-être seulement est-elle trop peu enfoncée dans la mer, eu égard à son chargement. Les hommes que portent les deux embarcations sont bien posés et bien groupés, mais détaillés avec un soin trop minutieux, eu égard à la distance.

La vue du port du Havre, par le même, nous semble préférable sous le rapport du jeu des lames et de l'observation de la perspective. La tour du môle est un détail exécuté avec une vigueur admirable. Mais l'écume des vagues brisées n'a pas assez de blancheur et d'éclat. C'est là, au surplus, une page consciencieuse, œuvre d'un pinceau savant et habile, et qui est peut-être supérieure à la précédente.

La Mey-Merillys, de M. Renoux, est une œuvre exécutée avec verve et conscience, et qui atteste la double science du coloris et du dessin. L'effet de soleil couchant est d'un ton chaud et vigoureux qui s'harmonise très-bien avec le caractère de la scène qui fait le sujet du tableau. Les déchirements du terrain des premiers plans sont bien rendus et se font bien comprendre. Le lair d'Ellangorwen et sa monture sont bien posés. Quant à la sorcière, on lui reproche avec raison la couleur rouge corail de son manteau, plus ardent que le soleil couchant. Nous critiquerons encore les touffes de feuillage du premier plan, qui nous paraissent exécutées un peu durement et peints avec une certaine crudité de ton.

Les *Ruines du château de Vénasque* se recommandent à l'attention par une couleur qui est peut-être plus agréable que vraie, et par un effet de lumière rendu avec autant de bonheur que d'habileté.

M. Paul Flandrin a débuté dans le monde artistique par trois paysages qui attestent un talent consciencieux et nourri de savantes études et qui nous promet en lui un digne émule de ses frères. Ses œuvres se recommandent par une composition intelligente, par des études d'arbres et de terrain sinon toujours heureuses, au moins toujours consciencieuses, par une couleur agréable et par un certain caractère poétique auquel le choix de ses sites et de ses sujets n'est sans doute pas étranger.

Cet artiste paraît avoir pris pour modèle les œuvres de Claude

Lorrain et du Poussin. Comme eux il emprunte à Rome et à l'ancienne Grèce leurs costumes, leurs fabriques et jusqu'à leur mythologie. Sous le rapport de l'art proprement dit, nous ne trouvons rien à dire à cela ; car quel que soit le sujet choisi par un peintre, quelle que soit la nature qu'il se propose d'imiter, il y a un égal mérite dans cette imitation. Mais nous avouons que ce système qui, dans l'ordre des temps, est un anachronisme, nous paraît un mauvais calcul dans l'intérêt de l'artiste. Les maîtres dont il suit la trace vivaient à une époque où la littérature, et avec elle la pensée humaine, était tout entière greco-romaine ; où Racine et Corneille faisaient revivre sur le théâtre les passions et les vertus des anciens ; où Louis XIV se faisait représenter en Achille et en Alexandre ; où les poètes faisaient intervenir à chaque instant dans leurs œuvres les divinités du paganisme. Aujourd'hui cette mine si long-temps exploitée est un peu épuisée et passée de mode. Ce n'est pas de nos jours qu'un poète pourrait comme J.-B. Rousseau, dans sa fameuse ode au comte du Luc, commencer une pièce lyrique par une comparaison comme celle-ci :

> Tel que le vieux pasteur des troupeaux de Neptune,
> Protée, à qui le Ciel, père de la Fortune, etc.

Nous pensons que l'artiste doit savoir se plier aux exigences des temps, et se chercher des sujets plus en harmonie avec les croyances et les idées de l'époque. Cependant nous serions fâchés que l'observation rigoureuse de cette règle nous eût privés de la gracieuse et poétique composition que M. Paul Flandrin a exposée sous le titre de *une Nymphée*. Les mythologiques beautés qui folâtrent sous ces ombrages frais, autour de cette nappe liquide, sur ce gazon attrayant et émaillé de fleurs champêtres, sont groupées avec goût. Elles sont bien dessinées, bien peintes, et leurs attitudes sont pleines de vie et de vérité. Les profondeurs de l'antre et celles des berceaux que forment les branches entrelacées, sont exprimées d'une manière heureuse : toutes les parties de l'ensemble se rattachent bien et forment un tout harmonieux et plein de charme. Les arbres de M. Flandrin, comme nous l'avons dit, sont bien étudiés, au moins ceux des premiers plans ; mais ceux des seconds sont généralement cotonneux : l'air et la lumière ne jouent pas avec liberté dans leur feuillage trop compact qui dégénère trop souvent en masses noirâtres qui attristent la vue et donnent à sa peinture un air de vieux. Nous nous permettrons aussi de prémunir cet artiste contre une tendance que nous croyons remarquer en lui : c'est celle d'adopter de préférence une espèce particulière d'arbre, qu'à l'imitation de M. Thuillier et de quelques autres, il reproduirait ensuite exclusivement. C'est là sans doute un moyen de s'épargner de la peine et du temps; mais c'est se mettre en contradiction avec la nature, aussi variée que féconde dans ses productions.

Dans les *Adieux d'un proscrit*, ces défauts sont rendus plus sensibles par l'énorme quantité de verdure qui s'interpose entre le premier plan et les derniers, et détruisent toute espèce d'harmonie entre eux. Cela est vraiment dommage ; car le groupe du premier plan est fort bien entendu et fort bien exécuté ; et il y a, dans les derniers, des parties très-remarquables, comme, par exemple, cette arête de montagnes qu'éclaire le soleil levant, et qui n'a que le défaut de se rapprocher un peu trop du devant qu'il écrase.

Nous ne connaissons aucun paysagiste qui peigne une crête de montagne avec autant de vérité et de puissance que l'a fait M. Leymarie dans les deux *vues de la vallée de St-Rambert* qu'il a exposées cette année. Pour ne parler que de la principale, celle qui, représente, à ce que nous croyons, la partie supérieure de la vallée, il est impossible de rien voir de plus consciencieusement étudié, de plus savamment traité, de plus heureusement peint que les seconds plans de cette toile qui représentent les pics éclairés par un soleil à son déclin. L'atmosphère a toute la limpidité transparente, le ciel toute la profondeur qui caractérise les régions montagneuses. Les nuages ne sont point, comme ceux de la plupart des paysagistes, des pâtes étendues négligemment et presque au hasard. Ce sont des corps aériens qui ont de la forme, de la vie; vaporeux sans être vagues et indécis, aux contours accusés, sans dureté ni pesanteur. La projection des ombres produites par les nuages, par les arbres, par les moindres saillies de terrain, est exprimée avec une exactitude scrupuleuse qui accuse tous les accidents du sol, et donne à toute cette nature morte une physionomie de vérité et d'animation.

Pourquoi faut-il que cet artiste qui prodigue la lumière dans ses seconds plans, qui s'entend si bien à illuminer les pics supérieurs, ait trempé son pinceau dans l'encre pour peindre ses premiers plans ? Quel besoin avait-il de ce malencontreux repoussoir pour faire ressortir les parties éclairées ? Est-il permis à un peintre de sacrifier la nature à un effet ? Est-il possible de supposer qu'avec cette brillante atmosphère, avec la hauteur du soleil qu'accuse la dimension des ombres, il y ait dans un paysage des portions plongées dans une obscurité aussi complète?

M. Diday, une des gloires de l'école genevoise, nous est revenu cette année avec ses qualités et ses défauts; avec son lac aux eaux bleues et limpides ; avec sa vague transparente qui se roule et se brise si naturellement; avec ses terrains et ses arbres qui semblent découpés en tôle vernie, tant ils sont durs et brillants, avec sa couleur si séduisante, mais si souvent à côté de la nature.

M. Guignon, autre peintre genevois, a exposé plusieurs toiles qui attestent en lui le sentiment de la couleur et de la lumière, où l'on trouve des teintes harmonieuses et des fonds vaporeux bien rendus; mais à côté de cela une certaine affectation, une certaine coquetterie voisine de la mignardise. Dans une *vue du lac de Genève* il a placé un arbre idéal exécuté avec un fini qui dégénère en dureté, et des touffes de plantes qui semblent avoir été arrangées à plaisir par une marchande de bouquets. Dans une autre vue que nous croyons être du *Lac de Côme*, il y a au contraire d'excellentes études d'arbres, mais qui sont malheureusement d'un roux peu agréable et peu naturel.

M. Francia qui a fait *le naufrage d'Amphitrite* a exposé aussi une *vue de Bretagne* qui offre la même teinte grise que cette autre page, mais qui est cependant mieux éclairée, et où l'on trouve des eaux bien transparentes et des terrains bien étudiés, avec une composition générale sage et intelligente.

Nous avons souvenir d'un fort joli paysage de M. Blanchard intitulé *Des marchands de fruits au Mexique*, et qui présentait une étude attrayante des sites, des végétations et des costumes de ces climats : nous regrettons de ne pouvoir parler que d'après mémoire de cette œuvre qui a disparu depuis long-temps de notre salon, et qui nous avait semblé remarquable sous le rapport du dessin, de la couleur et de la vérité locale.

M. Vachat, jeune artiste lyonnais, a abordé avec beaucoup d'audace, et avec un succès partiel, un de ces merveilleux effets de soleil que l'on ne rencontre que dans les pays de montagne, et que l'on n'y rencontre que rarement. Son œuvre trahit sans doute l'inexpérience d'un coup d'essai. C'est à cette dernière cause qu'il faut attribuer l'insuccès de quelques parties et du premier plan tout entier. Mais l'effet de lumière en lui-même est heureux : les seconds plans sont pleins de cette vapeur lumineuse qui jette comme un glacis magique sur la perspective, et dont l'air se remplit dans de tels moments. C'est là sans doute une œuvre imparfaite, mais à côté de ces défectuosités il y a ou beaucoup de bonheur ou beaucoup de mérite. Nous attendons M. Vachat à la première exposition pour savoir positivement à quoi nous en tenir à cet égard.

M. Ponthus-Cinier est un jeune paysagiste dont les productions, malgré les défauts palpables qui les déparent, portent le cachet d'un talent vigoureux et plein de sève. Ces défauts sont pour la plupart faciles à corriger, et la nature seule peut donner les qualités précieuses dont elles portent l'empreinte. Nous croyons presque inutile de signaler à cet artiste la couleur gris d'ardoise dont il badigeonne ses rochers, et qu'il étend à toutes ses ombres ; ses arbres qu'il a eu la malheureuse pensée d'imiter de M. Thuillier dont il a exagéré la pesanteur et la crudité ; mais il y a chez lui des mouvements de terrain bien peints et vigoureusement accusés ; il rend à merveille ces verdoyants plateaux qui alternent dans les régions alpestres avec les abîmes perpendiculaires ; ses seconds plans sont bien éclairés et fuient bien.

M. Guedy de Grenoble a envoyé deux paysages qui contiennent des parties remarquables. Dans la *vue du Mont-Blanc*, les pentes inférieures sont d'un vert trop foncé. La masse de ce géant des Alpes semble s'abaisser un peu trop sur le premier plan ; mais ce premier plan lui-même est d'une excellente couleur et d'une parfaite vérité d'exécution. Dans une autre vue du même, celle d'un lac situé dans les régions les plus élevées des Alpes, il y a d'admirables études de terrains et de rocher, des effets de neige bien rendus ; mais l'eau manque entièrement de transparence.

L'unique paysage exposé par M. Vanderburk présente des premiers plans fort bien étudiés, des eaux bien transparentes, un lointain bien fuyant et bien vaporeux, des arbres habilement dessinés, dans le ton général quelque chose de frais et de matinal ; mais la couleur en est un peu terne et l'exécution un peu maigre.

Il y a une grande vérité de couleur dans la *vue d'hiver* de M. Verwies. Sa glace est bien rendue, ses personnages sont bien posés. Il y a seulement un peu trop de sécheresse dans cette composition comme dans la précédente.

Une bien jolie marine, bien simple, pleine de charme et de vérité, est celle de M. Regny. Les ruines qu'il a placées sur le bord de la mer sont peintes avec beaucoup de vigueur. Celle-ci est d'une belle couleur, d'une remarquable transparence, et les faibles lames qui viennent mourir sur la plage sont d'une forme vraie, d'une limpidité parfaite.

M. Lapito n'a exposé cette année qu'une vue de montagne qui nous plaît fort médiocrement. A la vérité ses premiers plans sont peints avec vigueur, mais cette vigueur dégénère en dureté, et la couleur générale est trop grise.

Madame Clerjet a exposé deux paysages, dont l'un : *Ruines du château de Sesseres sur les côtes de Bretagne*, est réellement exécuté avec vérité et talent. La couleur en est agréable et vraie, et le ton général harmonieux; nous devons savoir gré à cette dame d'avoir réhabilité, sous le rapport de la couleur, cette Bretagne à laquelle les autres paysagistes de l'exposition ont donné le ciel du Spitzberg et du Kamtschatka.

Nous sommes forcés pour en finir avec le paysage de passer sous le silence quelques œuvres qui méritent cependant l'attention; mais avant d'en venir à la fleur, nous devons consacrer quelques mots à la peinture de nature morte. Ce qu'il y a de plus remarquable en ce genre à notre exposition, c'est la *Nature morte* de Renié achetée par la Société. Il est impossible de réussir mieux dans un genre peu agréable en soi. Il y a une mollesse, une vérité de pose et de couleur dans ces corps privés de vie qu'il est difficile de dépasser. Cette œuvre nous paraîtrait irréprochable sans quelques reflets de lumière mal placés sur les vases en faïence qui se trouvent mêlés à ce gibier.

La fleur est la spécialité lyonnaise. Si sous d'autres rapports notre école est forcée de s'incliner devant les maîtres de la capitale, elle partage avec elle le sceptre de ce genre modeste et gracieux, si toutefois elle ne le tient en reine.

A côté du *bouquet de pivoines* du célèbre Redouté, bouquet dont nous ne contesterons nullement le mérite d'exécution, peut-être au-dessus de lui, on peut hardiment placer les *études de fleurs* de M. St-Jean. L'étude de pavot surtout nous a paru extrêmement remarquable. Outre ces études que le public n'apprécie peut-être pas tout ce qu'elles valent, M. St-Jean a exposé quelques compositions plus compliquées, un charmant bouquet, *des lapins domestiques*, *une compagnie de perdrix rouges*. Dans la dernière de ces productions, l'artiste a reproduit avec beaucoup de bonheur les habitudes de la famille des gallinacées, et a groupé d'une manière assez pittoresque ces jolis animaux. Seulement il les a faits trop jolis encore. A voir leurs plumages lisses, leurs couleurs si vives et si brillantes, on dirait des troupiers proprets dont les buffeteries ont été cirées et frottées pour aller à la parade. Les perdrix qui volent en l'air sont un détail vrai, mais malheureusement rendu.

M. Premillieu a exposé un magnifique *bouquet de fleurs* auquel on ne saurait reprocher qu'une chose, c'est d'être plus beau que nature et d'avoir des couleurs d'une vivacité qui se rapproche de la crudité. La mésange perchée sur les bords du vase est un joli détail.

Le concours de fleurs, si heureusement ouvert à nos jeune dessinateurs par la Société des Amis des Arts, est une nouvelle preuve du succès avec lequel cette branche de l'art est cultivée à Lyon. Dans les différents concours couronnés ou acquis par la Société, à travers des imperfections inévitables, on remarque des choses fort bien exécutées et qui attestent cette intelligente et patiente étude de la nature sans laquelle il n'est point de succès pour le peintre de fleurs. Nous avons remarqué dans le numéro 8 qui n'a été l'objet d'aucune distinction, un charmant détail : ce sont des revers de feuilles de rosier auxquelles sont adhérentes quelques gouttelettes de rosée. Il est impossible à notre avis de rendre avec plus de vérité le léger duvet qui recouvre la feuille, ses nervures, et surtout ces petits globes de liquide transparent. Le reste du bouquet est, il est vrai, faiblement exécuté. Mais ce détail prouve ce qu'aurait pu faire l'artiste, s'il eût composé avec moins de précipitation.

§ VII.

AQUARELLES. — SCULPTURE. — OMISSIONS. — DAVID-HUBERT. — GIRARD. — CHAMPIN. — LATTEUX. — ALBUM. — DEBAY. — GLEKTER. — LÉOPOLD DE RUOLZ. — BARRE. — DESBŒUFS. — ETEX. — PORTMANN. — SEBRON. — COUTURIER. — LAURET.

L'exposition est fermée : les arts ont plié bagage, à l'exception des morceaux retenus au passage par la Société des Amis des Arts, et par quelques trop rares amateurs ; la plupart des œuvres qui la composaient sont rentrées dans l'atelier, ou vont chercher à Paris des succès d'un ordre plus élevé.

Hâtons-nous donc, paresseux que nous sommes, de recueillir nos souvenirs pour compléter la tâche que nous nous sommes imposée.

Avant d'arriver à la sculpture, donnons quelques mots à l'aquarelle.

A la tête des artistes qui cultivent cette branche difficile et qui nous ont envoyé de leurs œuvres, nous voyons figurer M. David, qui élève ce genre presque exclusivement réservé au paysage, et surtout aux vues des monuments, jusqu'à la hauteur de la peinture historique.

Kléber, au combat du mont Thabor, est une composition pleine de verve et de vérité. On reconnaît le vainqueur d'Héliopolis à sa haute taille, grâce à laquelle il domine au milieu des autres guerriers, comme les héros Grecs et Troyens dominaient au-dessus de leurs phalanges ; les personnages secondaires sont groupés habilement, d'une manière pittoresque et sans confusion. On trouve seulement que le général en chef écrase un peu trop son cheval. Kléber était de haute taille, mais il nous semble qu'il ne devait pas être impossible de lui trouver de coursier moins disproportionné à sa stature que celui que l'artiste lui a donné.

La Société a acheté de M. David une *vue d'un château de Flandres* avec la sortie d'un cortége royal, qui est pleine de vie et d'animation.

M. Hubert a exposé une *vue prise à Fribourg* où l'on remarque un effet de profondeur rendu avec une admirable vérité. C'est un torrent encaissé dans un ravin dont les bords sont à pic, et couronnés d'un village agreste : il y a une gradation fort habile de lumière et d'ombre des premiers plans aux derniers plongés dans une ombre épaisse.

M. Girard auquel la Société a acheté une très jolie *vue de forêt* est un habile peintre d'aquarelles. Ses études d'arbres et de terrain sont consciencieuses, sa couleur est vraie. Les eaux sont transparentes et pleines de mouvement.

Les différentes *vues de Venise* exposées par M. Latteux sont d'une bonne couleur, d'une grande finesse de tons, et la perspective y est judicieusement observée.

M. Champin a exposé une aquarelle de grande dimension où l'on trouve des arbres bien dessinés et des premiers plans bien étudiés ; mais les seconds plans sont mous : son eau est sans transparence et semble un brouillard.

Comme un dernier adieu au paysage, disons quelques mots sur l'*Album Lyonnais*.

Cet Album se compose de dix vues lithographiées, généralement fort remarquables. Nous ne craignons pas d'avancer que cet ouvrage est certainement ce qui a été fait de mieux dans ce genre sur nos contrées qui ont été horriblement maltraitées par tous les *Magasins*, *Voyages pittoresques*, etc., etc. Il est juste de dire que nos environs si riants, si suaves, précisément à cause de l'immense quantité de détails qu'embrasse chaque vue, de l'absence de grands accidents de terrain, de montagnes escarpées, sont très-difficiles à rendre d'une manière satisfaisante.

MM. Hostein et Villeneuve se sont acquittés de leur tâche avec une habileté consommée, et si tout n'est pas également parfait dans la série de vues dont ils sont auteurs, il faut s'en prendre d'abord à la nature de nos sites, et puis aux imperfections du genre en lui-même auquel on ne peut demander la même netteté de dessin, et la même précision de trait qu'à la gravure.

Les mieux réussies des vues dont se compose l'*Album* sont précisément celles qui semblaient les plus difficiles, celles qui présentaient les lointains les plus vagues et les plus compliqués, les futaies les plus multipliées : ainsi les Aqueducs de Bonnant, la Quarantaine par M. Hostein, la Fontaine de J.-J. Rousseau par Villeneuve à Rochecardon.

Le Couvent des Carmes-Déchaux par M. Champin, la Place de Bellecour par M. Benoît, nous ont semblé moins heureuses, quoique le caractère arrêté de ces vues, leur peu de profondeur les rendissent en apparence plus faciles à reproduire par la voie de la lithographie.

La sculpture, nous en avons fait l'observation en commençant, est bien moins féconde que la peinture. Nous ne nous sentons pas le courage de tenir l'engagement que nous avons pris d'abord d'examiner les causes qui font que ces deux branches de l'art ne sont point également cultivées. Il faudrait pour cela entrer dans des considérations au développement desquelles l'espace et le temps manqueraient également.

Seulement il est facile de comprendre que la différence qui existe entre le culte religieux des modernes et celui des payens, entre une religion qui peuplait de divinités matérielles, les temples, les forêts et jusqu'aux foyers domestiques, et une autre religion qui ne reconnaît qu'un Dieu et un Dieu immatériel, infini, insaisissable, ne nous permette pas de marcher à cet égard sur la même ligne que les anciens. Il est facile de comprendre encore que la sculpture ne soit pas mise en réquisition par nous aussi fréquemment que chez les Grecs et les Romains pour éterniser la mémoire des grands hommes. Depuis que l'imprimerie et la diffusion des lumières ont rendu facile la propagation des faits historiques, et ont rendu impossible l'oubli dont ils étaient menacés dans les temps antérieurs, on a compris que le marbre et le bronze étaient moins nécessaires pour immortaliser les grands hommes, et que le cœur et l'esprit étaient le véritable sanctuaire où leur mémoire devait être conservée et honorée.

Ajoutez à cela les difficultés propres du genre: le peu d'espace que notre architecture laisse aux ornements de cette nature; la difficulté de composer avec la sculpture un sujet complet, et le prix exorbitant du moindre marbre travaillé avec un peu de soin, et vous vous rendrez raison de la stérilité d'un genre qui pour acquérir de la popularité, est obligé de descendre aux proportions de l'ornement de cheminée, et auquel le gouvernement et les administrations des grandes villes peuvent seuls fournir des aliments dignes de lui, accorder des encouragements dignes de ceux qui le cultivent en artistes et non pas en artisans et en industriels.

Le *génie de la marine*, par Debay, marbre, est une figure allégorique qui ne manque pas d'élégance ni de poésie; mais cette poésie et cette élégance sont un peu recherchées, et d'ailleurs le jeune enfant qui représente ici la marine pourrait tout aussi bien être l'un des amours. Il n'a aucun caractère spécial qui puisse faire reconnaître en lui la spécialité qui lui est décernée par le livret.

Le caractère des bronzes de Glekter c'est la vigueur et la hardiesse. Les attitudes de ses personnages et de ses chevaux sont hardies et même quelquefois un peu hasardées; témoin celle de ce cheval de hussard qui mord, et, de ses pieds de devant, saisit la croupe de ce cheval mamelouck. La pose oblique du coursier nous semble un peu forcée. Mais du reste, comme ce bronze vit et se meut; comme la figure du cavalier contraste bien par la bravoure calme qu'elle exprime avec celle du mamelouck qui est animée d'une fureur sauvage.

L'*Amazone blessée* qui tombe de son cheval est une composition pleine de grâce: le mouvement du coursier qui s'arrête et qui semble s'intéresser au sort de son cavalier est rendu avec bonheur et vérité.

M. Barre a exposé de très-jolies statuettes en bronze: celles qui représentent les danseuses indiennes sont d'une élégance et d'un fini remarquables.

Le groupe de Caïn, bronze, est une réduction du groupe en marbre qui figure au Musée de notre ville. Les critiques que mérite ce dernier peuvent s'appliquer à la copie. Dans l'un comme dans l'autre, on doit admirer la puissance du modelé, l'étude consciencieuse de la forme humaine, la vigoureuse et remarquable exécution des bras, des jambes ; l'attitude morne du premier pécheur ; l'habileté avec laquelle sont groupées les figures accessoires autour de la figure principale ; la grâce du galbe nu déployé par la femme à genoux ; l'abandon qui règne dans la pose du torse, dans la manière dont les membres sont jetés ; mais on peut blâmer la disproportion qui existe entre la taille de Caïn et celle de son épouse ; on peut trouver le groupe qui est à sa gauche un peu tourmenté : on peut surtout déplorer la malencontreuse chevelure qu'il a donnée à tous les personnages sans exception, à la femme surtout. Quant au bronze en particulier, nous ne trouvons pas que le fini de l'exécution soit en rapport avec celle du modèle : le parallèle a été écrasant pour lui.

Le bas-relief exposé par M. L. de Ruolz, notre nouveau professeur de sculpture, est certainement un des morceaux les plus remarquables qui aient figuré au dernier salon, et c'est peut-être ce que son ciseau a jusqu'ici produit de mieux.

L'exécution de ce bas-relief dont le sujet est J.-C. présentant à l'Eglise les sept sacrements, figures allégoriques, offrait une difficulté d'une nature particulière, à cause du peu de saillie donnée par l'artiste à ses personnages. Sauf un petit nombre d'incorrections pour la plupart faciles à faire disparaître, le ciseau de M. de Ruolz a cependant triomphé de cette difficulté. La hanche droite du Christ est trop élevée et trop accusée tout à la fois : la figure allégorique du Baptême est un peu massive : la tête a une forme anguleuse qui est d'un mauvais effet ; mais à côté de cela il y a des figures d'un fini et d'une correction irréprochable, des têtes d'un beau caractère, d'une expression parfaitement appropriée à la pensée du sculpteur. Pour être juste il faudrait citer toutes celles qui représentent les six autres sacrements : nous citerons plus particulièrement celles de l'Eucharistie, de la Confirmation et du Mariage. Ce que nous devons louer sans réserve dans ce morceau d'art, c'est le caractère parfaitement religieux de toutes les têtes et l'habileté avec laquelle l'expression, la pose de chaque figure ont été adaptées à la nature du sujet.

Le *groupe de buveurs napolitains* de M. Desbœufs est un sujet un peu trivial, mais d'un bon dessin et d'une exécution généralement correcte. L'attitude du buveur qui se baisse pour laisser boire le jeune garçon à la futaille qu'il porte sur son épaule manque de grâce, mais elle est vraie, bien étudiée et bien rendue : la figure du premier est animée par un sourire un peu aviné qui est tout-à-fait en rapport avec la situation. Quant au jeune homme, l'emmanchement de la tête avec les épaules, surtout vu par le côté gauche, laisse beaucoup à désirer. La distance du menton à l'arrière de la tête est énorme, et le cou se trouve trop complètement dissimulé.

M. Flacheron a exposé un bas-relief en plâtre dont le sujet est *Hercule étouffant Antée*. C'est une étude consciencieuse de la forme humaine. Le tronc d'Hercule est d'une épaisseur qui nous paraît quelque peu exagérée ; mais le géant qu'il étreint de ses bras nerveux, le mouvement de son épine dorsale qui rompt sous l'effort, le geste désespéré du vaincu qui cherche vainement à se délivrer de ce mortel embrassement, tout cela est rendu d'une manière aussi énergique que vraie.

M. Poortmann préparateur de notre cabinet d'histoire naturelle, a exposé *une gazelle* en plâtre et un petit groupe représentant la fable du *loup et la cigogne*. Ces deux productions prouvent que M. Poortmann n'est pas un pur et simple empailleur, mais un véritable artiste qui a fait une étude consciencieuse de la forme et des habitudes de corps des animaux qu'il est chargé de ressusciter en quelque sorte au moyen d'une peau, les trois quarts du temps à demi pelée, et rongée par les mites.

Nous ne terminerons pas notre revue critique sans réparer l'omission dont nous nous sommes rendus involontairement coupables envers quelques artistes dont les productions ne méritaient pas l'injure du silence. Pressés par le temps, nous nous bornerons à mentionner les principaux d'entre eux. Ainsi nous rappellerons M. Sebron qui a exposé une *vue de l'église de Fontarabie*, le plus remarquable tableau d'intérieur qui ait figuré au salon. La couleur de cette toile est solide et vraie ; la lumière y joue parfaitement et la perspective en est bien observée ; on regrette seulement que l'artiste n'ait pas animé cette vue, un peu sèche de sa nature, par quelque scène un peu intéressante.

M. Couturier a exposé une *vue intérieure de notre grenier à sel*, d'une couleur un peu trop grise, mais dont la perspective produit une parfaite illusion, et dans laquelle il a semé des personnages disposés d'une manière naturelle et pittoresque.

M. Lauret mérite une place distinguée parmi les peintres de genre et de portraits qui nous ont envoyé des échantillons de leur talent. Nous ne parlerons que de son *savetier en plein vent*, fort joli petit tableau que nous aurions vu avec plaisir acquis par la Société des Amis des Arts. Les figures dont se compose cette scène sont bien dessinées et peintes ; elles ont l'expression qui convient. Il y a surtout des accessoires peints avec une finesse et une vérité qui rappellent le faire des bons maîtres de l'école flamande.

M. Lauret est certainement un artiste doué de précieuses qualités, qui sait composer, dessiner et peindre; dont le pinceau a de la hardiesse sans exclure le fini et la correction. Il ne lui manque que des encouragements et du travail pour devenir une des notabilités de notre école lyonnaise.

LYON. — IMPRIMERIE DE DUMOULIN, RONET ET SIBUET,
Quai St-Antoine, 33.

www.ingramcontent.com/pod-product-compliance
Ingram Content Group UK Ltd.
Pitfield, Milton Keynes, MK11 3LW, UK
UKHW021648260726
13994UKWH00003B/1344

9 782329 420004